勇敢面對情緒的6種方法

可不可以不要沮喪？

國家圖書館出版品預行編目資料

可不可以不要沮喪？勇敢面對情緒的6種方法
/ 蕭裕峰編著. -- 初版.
-- 新北市 : 雅典文化, 民104.11
面 ; 公分. -- (Change myself系列 ; 6)
ISBN 978-986-5753-50-4(平裝)
1.自我實現 2.生活指導
177.2 104019368

Change myself系列 06

可不可以不要沮喪？勇敢面對情緒的6種方法

編著／蕭裕峰
責編／林秀如
美術編輯／姚恩涵

法律顧問：方圓法律事務所／涂成樞律師

總經銷：永續圖書有限公司
永續圖書線上購物網
www.foreverbooks.com.tw

CVS代理／美璟文化有限公司
TEL：（02）2723-9968
FAX：（02）2723-9668

出版日／2014年11月

雅典文化

出版社
22103 新北市汐止區大同路三段194號9樓之1
TEL （02）8647-3663
FAX （02）8647-3660

序文

當你面對挫折或困難時，會有何種反應？生氣、憤怒還是抑鬱寡歡？有了這些本能的情緒反應後，現實中的挫折平復了嗎？困難解決了嗎？相信是沒有的，那麼你先前的那些情緒反應是否對「改變事實」無濟於事呢？叔本華在幸福格言一書說過：「普通人耗神於如何打發時間；而精幹的人卻耗神於如何有效利用時間。」

你總是認為自己無法成為優秀的人嗎？任何小失敗或挫折就可以打倒你？沒錯，你看似極有自信，但是信心不是成功的藥丸，你還必須有實力。

德國哲學家康德說過：「想要成就大事業，要在青春的時候就開始著手。」不要認為成功會從天而降，當你認為「明天再開始努力」時，成功早就遠離你了。利用生活中的細微小事，踏出成功的步伐，簡單而不困難，但是您仍需要有三種力量的協助：耐力、毅力及持續力。

【序文】

Part 1 拒絕自卑，重建信心

人置身於這個世界是一個開端而不是結尾，人的最大敵人是他自己。弱者變成自然的奴隸，強者徵服自然。強者還是弱者靠人本身去決定。

——威廉．喬丹

Part 2 不斷學習，智慧加倍

如果你永遠滿足於做一個體力勞動者，那麼，下班的鈴聲一響，你就可以徹底放鬆。但是，如果你還要繼續努力，開創一番事業，下班的鈴聲只是你開始思考的信號。

——李．艾柯卡

CONTENTS

Part 3 精力旺盛，出類拔萃

不要感到疲倦極了的時候才想到休息，休息並不是絕對什麼事都不做，休息就是修補。

——丹尼爾．何西林

Part 4 勤奮立志，開拓人生

在生活中，盡可能地在你的「一天」中多做一些事，或者開展一次冒險活動。

——拿破侖．希爾

Part 5
增強自信，認定自我

即使我是一株生長在山崖間的岩石下面的一個小草或者小樹，我也要極其頑強的順著岩石的縫隙向外生長出來，變得粗壯。
——司湯達

Part 6
勇於面對，堅定信念

世間沒有一種具有真正價值的東西，可以不經過艱苦辛勤勞動而能夠得到的。
——愛迪生

6 tips to release emotions stresses

拒絕自卑，重建信心

人類的所有行為，都是出自於想要「成就感」以及對「自卑感」的克服和超越。

——阿德勒

不自卑、有自信

「自卑感」源自於心理學上的一種消極的自我潛能。

日本有位大公司的經理，從小在漁村中長大求學，他常認為「自己一定會沒有前途」，放學回家後從不用功讀書，成績自然很差。因此產生了一種消極潛能：自己腦袋笨，再用功也是白忙一場！後來，當他要參加升學考試時，迫不得已臨時抱佛腳努力了半年，竟然也考上了中學。於是，他重新檢視自己從前認為自己「沒有前途」的看法，並且開始用功讀書，中學的成績居然也可以名列前茅！

很顯然地，這位經理在小學時成績不好的原因並非是「素質差」，而在於「自卑感」妨礙了智力的發展。

有自卑感的人只要能努力發掘出積極的自我潛能，那麼才智和能力就會與日俱增，甚至產生驚人的力量。

如果你發現自己的才能低，你不應該喪志或有失落感，你應該首先分析一下自己表現差是否屬於下列原因：

一、錯誤的觀念妨礙能力的發揮

人腦中有一百五十億個神經細胞，其中多數是用於思維的。我們在進行記憶或整合思維時，總是使必要的神經細胞興奮，同時抑制不必要的細胞活動。如果你滿腦子雜念，心亂如麻，就無法使神經細胞集中工作，腦的工作效率就會顯著下降。再從思維心理學角度來看，一個主意能否想出，與當時的專注程度有很大的關係。如果你懷著忐忑不安的心理在從事思考工作，那麼即使能想出的主意也想不出來了。

二、錯誤觀念造成消極的反應

有很多人在孩提時代就自認為「不擅長講話」，這種錯誤觀念由於日久年深，又形成了一種頑固的條件反應。於是，只要你一到大庭廣眾面前發表言論就驚慌失措，語無倫次。這就是消極的「條件反應」。在這種情況下，單靠積極的自我潛能不能解決問題，而必須經過一番苦練，在講話之前反覆練習，這樣一來，慢慢地可由講不出半句話到講得非常流利。

消極的條件反應會因積極條件反應的確立而日漸淡薄，進而消除，這是腦生理的規則。當然，這裡還有個反覆掌握技巧的問題。

三、素質較差，又沒有積極彌補從遺傳學角度分析

人的遺傳素質是有一定差異的，有的人接受能力又快又強，一學就會；而有的人卻練習了好幾遍還是不會。「天資聰敏」的優勢往往只在某個方面。而所謂「素質差」，也僅僅是指某一個方面的表現不如人而已，只要進行反覆訓練，依靠勤奮就能消除這方面的差距，素質差的人也照樣能有所作為。除上述遺傳素質外，尚有生理素質。相對來說，遺傳素質靠「後天的努力」容易補償，而生理素質靠「後天訓練」能補償到何種程度則因人而異，關鍵在於是否有合理的訓練。

日本有位小提琴名師鈴木，有一次，他受邀到一個用手指尖工作的工廠去講演，

廠長說：「廠裡有三十個人左右手指尖反應太慢，工作效率極低，您能幫助想想辦法嗎？」

鈴木分析他們的工作情形後回答廠長說：「他們並非『手慢』而是『腦子慢』。」

他勸廠長讓這些工人每天提前一小時下班去練打乒乓球，這樣一來，可以鍛鍊身體和頭腦的反應速度，同時從事「協調」的訓練，使工人們的效率加快。半年以後，這些人的工作效率大大提高了。這就證明，只要進行合理的訓練，生理素質上的不利因素，也可以得到較大的甚至是根本的補償。

你若要喜愛你自己的價值，你就得給世界創造價值。

——歌德

不要過分追求別人的贊許

你可能花費了大量時間想要獲得他人的讚許，或因得不到讚許而憂心忡忡。如果「尋求讚許」已成為你生活中的一種需要，那麼你將陷入讚許的迷思中。

你應該意識到：「『尋求讚許』與其說是生活之必需，不如說是個人之慾望。」

當然，我們都希望博得掌聲、聽到讚揚或受到稱頌，但誰不希望聽到恭維的話呢？在精神上受到撫慰會給人一種美妙的滿足、肯定感覺，而且也沒有必要在生活中放棄這種享受。

「讚許」本身無損於你的精神健康；事實上，「受到恭維」是令人十分愜意的。如果你希望得到讚許，那僅僅是樂於得到他人的認可。

但如果你需要讚許，那麼你在未能如願以償時，便會十分沮喪。這正是自我挫敗因素之所在。同樣的，當「尋求讚許」成為一種需要時，你就會將自己的價值權交給他人，因為你必須得到他人的讚許才能肯定自己。

假如這些人提出反對意見，你就容易產生挫折。在這種情況下，你是在將自我價值置於別人的控制之下，由他們隨意抬高或貶低你的存在價值。只有當他們決定對你施捨一定的讚許之辭時，你才會感到高興。

需要得到他人的讚許就夠糟糕的了，然而如果在每件事上都需要得到每一個人的讚許，這就更糟糕了。如果是這樣，你勢必會在生活中遇到大量痛苦和煩惱，因為你會過於在意「每一個人」提供給你的意見。此外，你會慢慢建立起一種平庸的自我形象，隨之產生的便是自我否定心理。

毫無疑問，你要在生活中有所作為，就必須完全消除「需要得到讚許」的心理！它是精神上的死胡同，它絕不會給你帶來任何益處。

人在生活中必然會遇到大量反對意見，這是現實社會的必然過程，是你為生活付出的代價，是一種完全無法避免的現象。

四十歲的奧齊就是一個典型的具有「需要讚許心理」的人。

奧齊對於現代社會的各種重大問題都有著自己的一套見解，如墮胎、中東戰爭、政治事件、失業現象等等，但是每當自己的觀點受到他人的嘲諷時，他便感到十分沮喪。

為了使自己的每一句話和每一個行動都能為每一個人所贊同，他花費了不少心思。

當奧齊和他的岳父閒聊到安樂死的話題，當時他表示堅決贊成安樂死的立場，而當他察覺岳父對他的立場的不滿而皺起眉頭時，便幾乎本能地立即修正了自己的觀點：

「我剛才是說，一個神智清醒的人如果要求結束其生命，那麼倒可以採取這種安樂死的做法。」

奧齊在注意到岳父表示同意自己後來的解釋時，才稍稍鬆了一口氣。

他在上司面前也談到自己贊成安樂死的觀念，卻遭到上司強烈的訓斥：

「你怎麼能這樣說呢?這難道不是對上帝的褻瀆嗎？」

奧齊實在承受不了上司對自己的這種責備，便馬上改變自己的立場：

「我剛才的意思只不過是說，只有在極為特殊的情況下，如果經正式確認絕症患者在法律上已經死亡的判定，那才可以拿掉他的氧氣管……」

最後，奧齊的上司終於點頭同意了他的看法，他又一次擺脫了困境。

當他與哥哥談起自己對安樂死的看法時，哥哥馬上表示同意，這使他大大地鬆了一口氣。

奧齊在社會交往中為了博得他人的歡心，甚至不惜時時改變自己的立場。因而就個人思維而言，奧齊這個人已失去了他的「自我價值」，所存在的僅僅是他做出的一些偶然的反應；這些反應不僅決定著奧齊的感情，還決定著他的思維和言語。總之，別人希望奧齊怎麼樣，他就會怎麼樣。

一旦尋求讚許成為一種需要，做到實事求是幾乎就不可能了。

如果你感到非要受到誇獎不可，並常常做出這種表示，那就沒人會與你坦誠相見。同樣地，你不能明確地闡述自己在生活中的思想與感覺，你會為迎合他人的觀點與喜好而放棄你的自我價值。

的確，應付受人斥責的局面很不容易，而採取為人所讚許的行為則容易得多。但如果為迴避困難而選擇後者，那就意味著你認為別人對你的看法比你對自我的評價更為重要。這是一個在我們生活中常常碰到的人格誤判的危險陷阱。

人生不是一種享樂，而是一樁十分沉重的工作。

——列夫·托爾斯泰

面對嘲笑，一笑置之

英國工人史蒂文生製造了第一輛用蒸汽機作動力的火車，只能拖三十噸煤，每小時只走四英里路，聲音也很大。有人譏笑他，說他的車子雖然不用馬來拉，但是吼叫起來比幾千匹馬還要吵鬧。

史蒂文生沒有因為譏笑而放棄，而是把「譏笑」當作「激勵」，他認真不停的研究，又用了十一年時間，終於成功製造了第一輛客、貨運蒸汽機車，時速達十二英哩。

焦耳（Joule）關於能量守恆的思想剛開始時也遭到專家的嘲笑，但他卻堅持不懈，反覆試驗達三十年之久，最後取得成功。與此相反，德國偉大的能量守恆思想奠基人邁爾，在極其不公平的世俗偏見包圍下，在一片可憐可悲的嘲笑聲中，他失去了理智，走上了絕路。一位科學明星還沒來得及閃爍就隕落了。

英國青年紐蘭茲在門捷列夫周期律發表的前三年就已經發現了元素周期律，由於別人的嘲笑，他放棄了對元素周期律的研究，鑄成不可彌補的大錯。

歷史和現實總結出一個答案：嘲笑是意志的大敵，嘲笑是事業的天敵，嘲笑是前進的羈絆；而成功的花環屬於那些面對嘲笑仍能不在意甚至嗤之以鼻的人，屬於那些面對嘲笑仍奮進的人。

人人生的價值，並不是用時間，而是用深度去衡量的。

——列夫．托爾斯泰

面對批評，坦然對待

生活中常有這樣的事發生：有的人一聽到別人對他的批評和勸告，就大發雷霆，他們不是去虛心聽取、反省其身，卻反唇相譏：「也不看看你自己是什麼德性，卻來教訓我。」言外之意是對方也有缺點，不配來批評他。

「金無足赤，人無完人」，如果只允許沒有過失的人批評自己，那麼你終生都不會聽到對你過失的批評意見了，一輩子也不會得到他人的幫助。久而久之，你就會陷入孤立無援的境地，讓自己失去了成功的動力。

所以，當別人批評時，應該感謝他的批評，才有益於自己改正過失，哪還有心思去計較他人是有過還是無過呢？只有長期保持高度的樂觀和自信，才能使你不斷地獲得成功。

但是在生活、工作、學習以及與他人交往中，總不免被人批評，受人指責。越是有成績、有名望的人，越容易受到別人的非議。

美國許多成就卓越的著名人物都被人罵過：美國的國父喬治．華盛頓曾經被人罵作「偽君子」、「大騙子」和「只比謀殺犯好一點」。

《獨立宣言》的撰寫人托馬斯．傑弗遜曾被人罵道：「如果他成為總統，那麼我們就會看見我們的妻子和女兒，成為合法賣淫的犧牲者；我們會大受羞辱，受到嚴重的損害；我們的自尊和德行都會消失殆盡，使人神共憤。」

格蘭特將軍在帶領北軍贏得第一場決定性勝利，成為美國人民的偶像之後，卻遭到嫉妒、逮捕、羞辱，甚至被奪去兵權。

威廉．布慈將軍也曾被人誣告他侵占了某個女人募捐而來救濟窮人的八百萬元捐款。

以上這些人非但沒有被批評、辱罵所嚇倒，反而更加保持樂觀和自信的態度，做出了影響深遠的成就。

其實，一個人名望或地位越高，罵他的人就越容易從中得到滿足。

英國國王愛德華八世（即溫莎公爵）年輕時在一所海軍軍官學校讀書。有一天，一位海軍軍官發現年僅十四歲的溫莎王子在哭，就上前問他什麼事情，剛開始他不肯說，後來迫不得已才說了真話：自己被軍校的學生踢了。

指揮官把所有的學生召集起來，向他們解釋儘管王子沒有告狀，但他很想知道為什麼這些人要這樣虐待溫莎王子。這些學生推諉拖延了半天之後，終於承認：等他們將來成了皇家海軍的指揮官或艦長的時候，他們希望能夠告訴人家，他們曾經踢過國王的屁股。

無論你是被人踢還是被人惡意批評也好，請記住，他們之所以做這種事情，是因為這件事能使他們有一種自以為重要的感覺，這通常也就意味著你已經有所成就，而且值得別人注意。

很多人在罵那些教育程度比他們高的人，或者在各方面比他們成功得多的人的時候，都會有一種滿足的快感。正如哲學家叔本華說過的：「庸俗的人在偉大的錯誤和愚行中，得到最大快感。」

曾任美國華爾街四十號美國國際公司總裁的馬歇爾．布拉肯先生在回憶受批評的經歷時說：「我早年對別人的批評非常敏感。我當時急於讓公司的每個人都覺得我是十分完美的。如果他們當中有一個人不這樣認同的話，我就感到憂慮，於是我想辦法去取悅他。可是我討好他的結果，又會使另一個人生氣；而等我想滿足這個人的時候，又會使另外一兩個人生氣。最後我發現，我越想去討好別人，以避免他們對我的批評，就越會使我的敵人增加。因此我對自己說：『只要你超群出眾，你就一定會受到批評，所以還是趁早習慣的好。』這一點對我的幫助很大。從那以後，我決定只是盡自己最大的努力去做，而把我那把破傘收起來，讓批評我的雨水從我身上流下去，而不是滴在我的脖子裡。」

當你成為不公正批評的受害者時，還有一個絕招就是「只是笑一笑」。因為別人罵你的時候，你可以回罵他，可是對那些「只笑一笑」的人，你能說什麼呢？假如結果證明我是對的，那麼即使花十倍的力氣來說「我是錯的」，又有什麼用呢？

請記住：不要為批評而難過。

EQ高的人，往往從積極的方面理解別人的批評，包括那些不公正的責罵。他們會把別人的批評，看成是改進自己工作、完善個性、克制情緒、提高心理承受力以及激發鬥志的機會。我們從美國海軍陸戰隊的史密德里·柏特勒將軍等人的經歷中可以得到啟示：

柏特勒將軍曾告訴別人，他年輕的時候很想成為最受人歡迎的人物，希望每個人都對他有好印象。在那個時候，即使一點小小的批評都會使他難過半天。但在軍隊的三十年使他變得堅強。被別人責罵和羞辱過，什麼難聽的話都經受過：黃狗、毒蛇、臭鼬……，後來聽到別人在後面講他壞話時，他甚至都不會回過頭去看。這就是他對待漫罵的有力武器。

羅斯福總統的夫人曾向她的姨媽請教「對待別人不公正的批評」有什麼祕訣。她姨媽說：「不要管別人怎麼說，只要妳自己心裡知道妳是對的就行了。」

避免所有批評的惟一方法就是只管做你心裡認為對的事——因為你反正是會受到批評的。

在美國歷史上，林肯總統恐怕是受人責難、怨恨、誣陷和批評最多的總統，但他卻從來不以他自己的好惡來評判別人。如果有什麼任務待做，他也會想到他的敵人可以做得像自己一樣好。如果一個以前曾經羞辱過他的人，或者是對他個人有不敬的人，卻是某個位置的最佳人選，林肯還是會延攬對方去擔任那個職務，就像他會委派他的朋友去做這件事一樣……而且，他也從來沒有因為某人是他的敵人，或者因為他不喜歡某個人而解除那個人的職務。

在林肯所任命的高職位的人物中，有不少是曾經批評過他的人。但是林肯相信：「沒有人會因為他做了什麼而被歌頌，或者因為他做了什麼或沒有做什麼而被罷黜。因為所有的人都受條件、情況、環境、教育、生活習慣和遺傳的影響，使他們成為現在的這個樣子，將來他也永遠是這個樣子。」

知道自己「在做什麼」是最重要的，別人如何看待你的工作、決定、努力、動機或成就，這些都不要緊，因為只有我們最清楚自己所作所為的重要性。即使到了快要蓋棺定論的時候，我們也必須依據自己的價值觀及信念來評估自己一生的作為。

希望是附屬於存在的，有存在，便有希望，有希望，便是光明。

——魯迅

不以他人的標準衡量自己

至少有百分之九十五的人，其生活多多少少受到自卑感之害，數百萬無法成功與幸福的人，也受到自卑感的嚴重阻礙。

從某個角度來看，地球上每一個人都不如另一個人或另一些人。你知道你的球技比不上貝克漢，球速比不上王健民，跳舞比不上珍妮佛羅培茲。這些事情你知道得很清楚，但你不應因為比不上他們而產生自卑感，使你的人生黯淡無光，也不該只因為某些事情無法做得像他們那麼出色而覺得自己朽木不可雕也。

自卑感的產生不是來自「事實」或「經驗」，而是來自我們對事實的認知與對經驗的評價。例如：「你是個不會唱歌的人或不會跳舞的人」，但是，這並不是說你是個「什麼都不會的人」。

貝克漢與王健民無法替人動外科手術，他們是「不會做手術的人」，但這並不意味他們是「什麼都不會的人」。

一個人身為何種人，這全部決定於我們「用什麼標準衡量自己」，「用什麼人的標準來衡量自己」。

自卑感之所以會影響我們的生活，並不是因為我們在技術上或知識上不如人，而是由於我們自己有不如人的感覺。不如人的感覺，產生的原因只有一種：我們不用自己的「尺度」來判斷自己，而用別人的「標準」來衡量自己。

若是習慣性這樣做，毫無疑問，只會造成「我老是差人一等」的感覺。因為我們相信應該以某些人的「標準」來向他們看齊，所以我們覺得自己不如人，因而下個結論說我們本身有毛病，然後這個愚昧推理過程的邏輯結論是：我們沒有「價值」，我們不配得到成功與快樂。

我們如果不覺得抱歉與罪過，就無法充分表現自己的才能與天賦，不管我們有多行。這些都是因為我們接受了「我應該像某人」的觀念或「我應像其他每一個人」的錯誤觀念。

事實上並沒有「其他每一個人」的通用標準，況且「其他每一個人」都是由個人組成的，世界上沒有兩個完全相同的人。

有自卑感的人，為了要取得優越地位所作的努力，只會使錯誤更加牢固，他的感覺是發自於「我不如人」的錯誤前提。他整個「邏輯思想」的內涵與感情也源自這個錯誤的前提。

他覺得不舒服，因為他比不上別人，所以他的藥方是「使自己跟別人一般好」，若要覺得舒服，就要使自己比別人優越。

因為努力地想取得優越地位，會招來更多的困擾，受到更多的挫折，有時甚至會導致以前沒有的神經機能上的疾病，反而會變得比以前憂鬱，而且「愈努力」憂鬱愈加深。

「卑下」與「優越」是一枚銅幣的兩面，只要瞭解這枚銅幣本身是假造的，問題就解決了。

你應該意識到：你不「卑下」，你不「優越」，你只是「你」。

你身為一個人，不必與別人比較高下，因為地球上沒有人和你一樣。你是一個人，你是獨一無二的，你不像任何一個人，也無法變得像某一個人，更沒有人要你去像某一個人，也沒有人要某一個人來像你。

上帝並沒有創造一個標準人，也沒有在某人身上貼標籤說「這個才是標準人」。祂使人類有個別獨特之分，猶如祂使每一片雪花有個別獨特之分一般。上帝造人，有高矮、大小、肥瘦、黑白、紅黃之別，祂並不偏好某個大小、形狀與膚色。

有一次林肯說過：「上帝一定愛普通人，因為祂造了許許多多。」這句話錯了，並沒有所謂的「普通人」——人沒有所謂「高級」或「普通」的格式，如果他說：「上帝一定愛不普通的人，因為祂造了許許多多不同的人。」這句話或許更接近事實。

不要拿「他人」的標準來衡量自己，因為你不是「他人」，也永遠無法用他人的標準來衡量自己；同樣的，他人也不該以你的標準來衡量他們自己。

只要你瞭解這個簡單、明顯的真理，接受它，相信它，你的自卑感就會消失得無影無蹤。

不要過分在意別人的想法。你過分在意「別人的想法」時，你太小心翼翼地想取悅別人時，你對於別人所謂的不歡迎過分敏感時，就會有過度的否定、壓抑自己以及自我產生不良的表現。

過去屬於死神，未來屬於你自己。

——雪萊

拒絕消極，重建信心

你可能患有一種社會性的「疾病」，一種並非打一針就好的疾病：「自我輕視」病毒，而惟一的治療方法便是大劑量地服用「自愛藥丸」。

但是，像社會中許多其他人一樣，你可能從小到大一直認為「愛自己」是不對的。社會告訴我們為他人著想；教會告訴我們愛你的鄰人。似乎大家都忘記了「愛自己」。

從孩童時代起，別人就告訴你，愛你自己——儘管當時這對你是十分自然的——無異於自私和驕傲。你學會先人後己、多想別人，因為這樣才顯示出你是個「好人」。

你學會自我埋沒，並且常常受到「把你的東西分給妹妹」之類的教育，至於這些東西是你的寶貝還是珍愛的玩具，那都是無關緊要的。儘管媽媽或爸爸自己未必與他人分享他們大人的東西，你甚至會被告誡：你應該「乖乖坐著別出聲」，或者「你應該守規矩」。

兒童們自然認為自己是美麗的和重要的，但等他們到了十幾歲，社會教育便在他們的思想中紮了根：人人都持自我否定態度，並隨著歲月流逝而越來越甚。畢竟，你不能總是愛你自己——否則，別人會用何種眼光看你？

當然，這些社會資訊的微妙潛能本身並不帶有惡意，但它們的確束縛了個人意識。從父母、兄弟姐妹、學校、教會和朋友那兒，兒童們學會了這些冠冕堂皇的社會禮節——成年人之間所特有的社會禮節。除非為了取悅於大人，兒童們相互之間從不理會這些禮節。

這樣長久下來，首先產生的後果是「不要相信你自己的判斷」，爾後便是隨「禮貌」而來的許許多多的後果。這些所謂「禮貌」的清規戒律，是你根據別人的評價來確定自我意識、降低自我價值的根源之一。毫不奇怪，這些自我懷疑和自我摒棄的定義會一直延續到你成年之後。「缺乏自信」常常是性格軟弱和事業無法成功的主要原因。

有一個美國醫生，他以面部整形手術馳名遐邇。他創造了許多奇蹟：經過整形，把許多醜陋的人變成漂亮的人。他發現，某些接受手術的人，雖然為他們作的整形手術很成功，但他們仍找他抱怨，說他們在手術後還是覺得自己不漂亮，說手術沒什麼成效，他們感覺自己的面貌依舊。

於是，這位醫生意識到：「美與醜，並不在於一個人的本來面貌如何，而在於他是如何看待自己。」

如果一個人自以為自己是美的，那麼他就會變美；如果他心裡總是嘀咕自己一定是個醜八怪，他果真就會變成其貌不揚。一個人如自慚形穢，那麼他就不會變成一個帥哥或美女，同樣地，如果他不覺得自己聰明，那他就成不了聰明人；他不覺得自己心地善良——即使在心底隱隱地有此種感覺，他也成不了善良的人。

心理學家從一群大學生中挑出一個最愚笨、最不討人喜歡的女孩，並要求她的同學們改變以往對她的看法，希望大家都能爭先恐後地照顧這位女同學，向她獻殷勤、送她回家，大家以假當真地打從心裡認定她是位漂亮聰慧的女孩。

結果不到一年的時間，這位女孩出落得嫵媚婀娜、姿容動人，連她的舉止也和以前比較起來判若兩人。

她高興地對人們說：「我獲得了新生！」

事實上，她並沒有變成另一個人——然而在她的身上卻展現出每一個人都蘊藏的美，這種美只有在我們相信自己，周圍的所有人也都相信我們、愛護我們的時候才會展現出來。

許多人以為，「信心」的有無是天生的、不會改變的。其實並非如此。童年時代受人喜愛的孩子，從小就感覺到自己是善良、聰明的，因此才會獲得別人的喜愛。於是他就盡力使自己的行為名副其實，造就自己成為自信的那樣的人。

而那些不得寵的孩子呢？人們總是訓斥他們：「你是笨蛋、窩囊廢、懶鬼，是個遊手好閒的東西！」於是他們就真的養成了這些惡劣的特質，因為人的品行基本上是取決於「自信」。

每個人心目中都有各自為人的標準，我們常常把自己的行為和這個標準進行對照，並據此去指導自己的行動。因之，我們要使某個人變好，就應對他少加斥責，要幫助他提高自信力，修正他心目中的做人標準。

同樣的，如果我們想進行自我改造，進行某方面的修養，我們就應該首先改變對自己的看法。不然，我們自我改造的全部努力便會落空。

世間的活動，缺點雖多，但仍是美好的。

——羅丹

增強社交力，成功不求人

心理學家大衛．伯恩斯指出：「任何人即使身處精神壓力極大的環境中，也有辦法增強自己的自信心。」下面就是幾條簡單而有效的方法。

一、坦言自己的感受

萊茜的女兒常和住在附近的女孩兒玩耍。一天晚上，萊茜穿著牛仔褲和舊運動衫去接女兒回家。女兒朋友的母親打扮得像時裝模特兒，她邀請萊茜進屋。寬敞的門廳裡放滿了名貴的古玩和油畫，就像個博物館豐富。萊茜身在其中感到很窘迫。那位母親見萊茜坐立不安，就問她是否不舒服。萊茜本想掩飾一下，但結果還是坦白承認說：「在這麼漂亮的房子裡，我有點不習慣。」

「妳太客氣了，我為妳的到來感到十分榮幸。」她笑著說。

由於萊茜的坦白態度，使她們兩人都覺得更輕鬆自在了。如果萊茜當時掩飾自己的感受，就只會使氣氛更緊張，並且使她在別人的眼裡看來很虛偽。

「坦率」是一種縮小我們和別人之間距離的有效方法。

二、以對方為話題

我們常常會在很不自在的情況下與人交談。對方可能是同業聚會上碰到的上司，要是當時你頭腦裡一片空白，你該說些什麼？不妨以對方作為談話的焦點。

美國著名電視節目主持人瓊．卡森總能使他節目的來賓快樂。他所用的方法很簡單：「設法儘量多瞭解來賓」。

你也可以採用同樣的方法，向對方提出一些問題，例如：「你是怎樣開始對這個發生興趣的？」或「能不能再多告訴我一點……？」大多數人都希望得到別人的注意。精神病醫生和心理學家之所以受到病患的信任，就在於他們懂得表示理解和提出對方有興趣的問題。他們懂得這些技巧，你當然也可以向他們學習。

三、化焦慮為力量

每個人在當眾表演前，不管他要「表演」些什麼，都會感到緊張。克服的方法就是讓緊張情緒反過來幫你忙。

精神病醫生大衛曾多次上電視接受採訪，他坦言，每次受訪前自己都會很緊張。節目一開始播出，他整個人便僵硬起來，不再能泰然自若，他越是設法放輕鬆，自己就越緊張。

最後，大衛無意中找到了解決方法：在一個漫談節目中，製作人安排大衛和另一位精神病醫生辯論。在節目初期，大衛的對手誤以為他只是一個「作者」，而非一個專門研究的人。大衛對此感到有些不快，便決心不再考慮自己的禮儀和風度，集中全部精力，有力地表達自己的意見。剎那間，大衛覺得自己渾身是勁，而且珍惜節目進行中的每一分鐘。後來還獲得了自他上電視以來，觀眾最熱烈的回應。

四、接受自己

「擔心自己比不上別人」是拓展人際關係的一大障礙。也許你覺得別人不會重視你，因為他們比你更自信、更有成就、更聰明、更有吸引力。這種想法是錯誤的，能「接受自己」是與別人相處的祕訣。

不論你是怎樣一個人——是富或貧、是聰慧或愚笨、是美或醜，總會有人喜歡你。或許有人會不理睬你，但沒有一個人是受到眾人喜愛的。然而，只要能接受自己，你就能感受到來自於人群的歡迎。

辛勤的蜜蜂永沒有時間悲哀。

——布萊克

自己把握未來

美國最成功的廣告人之一甘乃迪說：「近二十年來，我作專業演講師，每年都可以獲得幾萬美元的回報。但我小時候卻結巴得厲害，我很害羞（其實到現在還是，我不善於與他人相處）。當我剛開始演講時，就渾身不對勁，極不舒服。我早期錄製的演講卡帶，有的聲音十分糟糕，如果現在能在市場上發現的話，我都會把它們買回來。我現在大部分時間靠寫書維持生計。

我出版過的書籍、使用手冊、課程等等，遠銷世界各地，每年賺的錢超過百萬元。每年大概有成千上萬的人平均掏出一百九十九元購買我的著作。可是我還記得，當年我在學校的寫作成績得的卻是C，新聞學成績是B。

在中學時，語文老師都建議我將來做個工人，後來也有人給過我類似的建議。我大概只能同意到這種地步，即我真的很懷疑我有寫作的天賦，可是我相信『自己絕對可以靠寫作賺點錢』。」

如果你受限在某一領域中，如果你真的沒有天賦，只要你肯努力，仍舊有有補救的機會。

如果你很想在某個領域出人頭地，又恰巧在該領域具有「天賦」，那就值得可喜可賀了。不管你身處哪種情況，你決心要做的事情，十有八九都能實現。難道有「天生的業務員」嗎？

還是有人天生就當不了業務員！

很多人鄉愿地認為「各行各業的成功人士都天生就是這塊料，一生下來就注定將來要吃這碗飯的」。因此，他們的這種觀點嚴重束縛在自己的選擇上，不知失去了多少自我發展的可能性。

「沒有付出哪裡來的成就？」當然，世上是真有一些人，他們生來就漂亮，注定成為媒體的寵兒，因此當了成功的模特兒或演員。相反的是，傳奇歌手東尼·班奈特（Tony Bennett）曾經嚴重怯場，而不得不努力克服這一歌手的致命弱點。不過，也有人顯然生來就要吃演藝圈的飯。

有人生來具有運動天賦，比如麥克．喬丹及艾密特．史密斯。然而，就連一般人心目中的「天生贏家」，其實也不全是真的，原因有兩個方面：第一，他們太罕見了。第二，他們也要勤奮工作，並努力運用天賦，把天賦轉變為個人的優勢。

大多數的成功人士儘管在各自的領域裡表現卓越，應付困難看起來輕鬆自如，但他們絕對不是天生就做得到的，例如：幾度被「金氏世界紀錄」列為「世界上最偉大的業務員」的喬．吉拉爾得，在他四十九歲時，已連續十一年被評為頭號汽車業務員。這麼說來，他應該一定是位「天生的業務員」吧？其實不然，吉拉爾得中學時曾被逐出校門，當了不到一百天的兵，還曾被四十多家公司開除過，連當扒手都沒有如願以償。

他說：「人們都說我是一位天生的業務員，其實錯了，我現在告訴你們，我全是靠自己的努力才成為『天生的業務員』的。像我這樣的人從頭開始都可以辦得到，那麼，還有誰辦不得到呢？」

吉拉爾得小時候還有結巴的毛病。你能想像出一位結結巴巴的業務員或演講者該是什麼模樣嗎？

英國維京航空公司的理查德．布朗森，他稱得上是最成功、最傑出、最知名的企業家之一，他盯上航空界巨人「英國航空公司」，打得對方落花流水。

作為資產數億萬的企業集團首腦，他是令人不可思議的。他在自己家裡運籌帷幄，連電腦都不會用，全靠紙和筆記本，又常常喜歡一頭栽進自己完全不瞭解的行業中。

他從十九歲起，就深受眾人矚目，他多半靠鮮明的自我推銷個性及媒體的報導，成功地經營自己的企業。然而，私底下的他卻是很害羞的，表達能力也不是很強。在中學時他曾輟學，絲毫沒有成就今日事業的教育背景。儘管幾十年來他也頻頻接受採訪，在電視上拋頭露面，公開演講，但他顯然對這一套覺得很不自在。

布朗森的自傳《童男之王：理查德．布朗森的商業王國內幕》的作者提姆．傑克遜認為，布朗森缺乏安全感和不自在的感覺，來自於他小時候在學校時成績不好，書也沒念完。因此，如果把布朗森的成功說成是「天生的」，實在是不可能的。儘管如此，布朗森還是成為了億萬富翁。

如果你很想做某件事，卻有人告訴你缺乏這方面的天賦，你不一定要信以為真，你不妨放下身段去拚一拚。

你不去親自試一試，怎麼能知道你具備哪方面的天賦呢？

歌手東尼．班尼特及法蘭克．辛納屈，都是公認的非常有天賦的藝術家，他們早年都做過畫家，並且十分優秀。

法蘭恩．塔肯頓從運動員改行，成為成功的商人；暢銷小說家史考特．塔羅原來是位律師。戴比．費爾德開始經營她的「費爾德太太烤餅」時，絲毫沒有這方面的經驗，一切都從零開始，然而，她很快就變得具有了從商的「天賦」；後來她嘗試演講，證明了自己是個「才華洋溢、精力充沛、富有效率」的專業演講者。

你過去對自己天賦及能力的看法，你過去發揮或缺乏天賦及能力的經驗，別人對你的天賦及能力的意見等等過去的一切，都可能影響你，你不該任由這一切主宰你，而是應該自己掌握、決定你的未來。

每個人都應該去尋找並發現自己能比別人做得更好的領域。打個比方，不是每個人都可以當大企業家，有人覺得自己適合做企業家，那是因為他們還沒有受到挫折的緣故，也並不能表示你就能做大企業家。要想做一名成功的企業家，你必須有遠見、有抱負、不怕挫折、忍受孤獨寂寞才行。這可不是每個人都能做到的。有不計其數的人，還沒有弄清楚自己到底喜不喜歡這一行，就急於培養自己在這方面的技能和特質。

許多年輕人常常會問：「哪些機會可以賺大錢，做哪一行好？」作為一個聰明的人要問的應該是：「對我來說，做哪一行最好？」每個人得到的答案都大相逕庭，不同的人有不同的答案。倒不是因為某一行你不能做，其實你可以做任何事情。但是你應該根據自己的個性特點及想達到的目標，再決定你應不應該做某一行。

先相信你自己，然後別人才會相信你。

——屠格涅夫

成功，終極目標

成功者的態度包括許多方面。但是，最重要的是「具有自信心」。要做到這一點，你必須奉行幾個重要的原則。

一、有勇氣改變命運

「種瓜得瓜，種豆得豆。」我們所得的報酬取決於我們所作的貢獻。你一定會為自己在生活中的位置或者榮獲讚譽或者蒙受恥辱。有責任心的人們關注的是那些束縛自己的枷鎖，在關鍵時刻宣告獨立的人格。

喬·索雷蒂諾在市中心的貧民區長大，是一夥小流氓的首腦，他在少年教養院待過一段時間。但是，他一直記著一位七年級教師對他在學術方面能力的信任。他覺得他成功的惟一希望就是拋開他那只有中學的學歷：首先要先完成學業。於是，他在二十歲的時候重返夜校，繼續在大學就讀，並以優異的成績畢業。接著，他又全修了哈佛法律大學的課程，成了洛杉磯少年法庭一位出色的法官。

假如喬．索雷蒂諾沒有勇氣改變自己的命運，那麼，後來的這一切成都是不會發生的。

二、發現自身的財富

維克多．弗蘭克曾是個生性多慮的人。但是，一九三四年的春天，當他走過韋布城的西多提街道時，有個景象掃除了他所有的憂慮。事情的發生只有十幾秒鐘，但就在那一剎那，弗蘭克對生命意義的瞭解，比在前十年中所學的還要多。

那兩年，他在韋布城開了家雜貨店，由於經營不善，不僅花掉所有的積蓄，還負債累累，估計得花七年的時間償還。弗蘭克剛在上星期六結束營業，準備到「商礦銀行」貸款，好到堪薩斯城找份工作。

他像隻鬥敗的公雞，失去了信心和鬥志。突然間，有個人從街的另一頭過來。那人沒有雙腿，坐在一塊安裝著溜冰鞋滑輪的小木板上，兩手各用木棍撐著向前行。他橫過街道，微微提起小木板準備登上路邊的人行道。就在那幾秒鐘，他們的視線相遇。弗蘭克見他坦然一笑，很有精神地向自己打招呼：「早安，先生。今天天氣真好啊！」

弗蘭克望著他，體會到自己是何等富有：「我有雙足，可以行走，為什麼卻如此自憐？這人缺了雙腿仍能快樂自信，我這個四肢健全的人還有什麼不能辦到的？」

弗蘭克挺了挺胸膛，本來預備到「商礦銀行」只借一百元，現在卻決定借二百元；本來是打算到堪薩斯城想找份零工，現在卻很有信心地告訴自己：「我要到堪薩斯城去找一份新的工作！」

結果，弗蘭克借了錢，找到了工作。從此，弗蘭克把下面一段話寫在洗手間的鏡面上，每天早上刮鬍子的時候都念一遍：

「我之所以悶悶不樂，因為我少了一雙鞋；直到我在街上，見到有人缺了兩條腿。」

三、發現自己的才能，追求自己的目標

在莎士比亞的著名戲劇《哈姆雷特》中，大臣波洛涅斯告訴他的兒子：「最重要是，你必須對自己忠實；正像有了白晝才有黑夜一樣，對自己忠實，才不會欺騙別人。」波洛涅斯在勸告兒子要根據自身最堅定的信念和能力去生活——去正視不同的世界。但是，必須尊重他人的權利。然而，大多數人總發現自己在猶豫之中徘徊。

怎樣做才能不虛度一生？怎樣才能知道自己選擇了合適的職業或恰當的目標呢？與其讓雙親、老師、朋友或經濟學家為我們制訂長遠的生涯規劃，還不如自己來瞭解一下我們「擅長」做什麼、我們能夠做什麼。

四、不逃避現實，面對困境

成功、思維和身心狀況的關鍵是「適應性」。在現實生活的壓力之下，我們許多人會因為挫折與失敗變得沮喪，失去對生活的方向和追求，而沉溺於酗酒、抽菸或依賴藥物，以幫助我們抗爭對現實的不滿。或許酒精和藥物可以暫時減少我們對失敗和痛苦的畏懼心理，但也阻礙了我們去學會承受這些壓力而更成長、更茁壯的機會。

適應生活壓力的最好方法之一，就是簡單地把它們當成是「正常的現象」加以接受。

生活中的逆境和失敗，如果我們把它們作為正常的結果來看待，就會幫助我們增強免疫力，防禦那些有害的、具有負面影響的反應。

普通人只想到如何度過時間，有才能的人設法利用時間。

——叔本華

6 tips to release emotional stresses

6 tips to release emotional stresses

不斷學習，智慧加倍

智力的成長是一種無論年齡、身體條件、宗教信仰或道德標準，甚至不論歷史狀況，都能讓每個人都從中得到力量的成長。

——歌德

知識是成功的基礎

幾年前，由美國著名的統計學家、民意測驗的創始人喬治．蓋洛普的後裔們組織的蓋洛普組織，從《今日美國名人錄》中隨機選擇了一千五百名有傑出貢獻的人，探究他們成功的奧祕。選擇的標準既不是財富，也不是社會地位，而是他們在所從事的專業領域中的現有成就。

在這些成就卓著的人中，有一些共同的特點，而其中最重要的五種特點中，就有三種與知識有關：

一、知識淵博

成功者中具有這種特質的人最多，百分之七十九的人對自己的這種優良特質評比了最高分，百分之六十一的人認為「知識淵博」對其成功的貢獻非常重要。

「知識淵博」即代表「常識」，對大多數人而言，「常識」意味著對每日繁雜事務做出合乎邏輯的、客觀的判斷的能力。要這麼做，就必須排除枝節觀念，必需分析出事物正確的內容。

德克薩斯州的油氣大王把這種特質表達為：「成功的關鍵能力是『簡化』的能力。在決策會議和產業原則處理中，惟有能把一個複雜的問題化為最簡，這是最重要的決策。」

那麼「知識淵博」這種能力是先天就有，還是後天可以增強的呢？油氣大王的回答是後者。他認為他的這種能力得益於在學校期間的好爭善問。另一種增加常識貯存量的方法是取自他人，以及從他人和自己的錯誤經驗中吸取常識。

二、精通專業

有了常識之後，這些有成就卓著的先進們認為第二重要的就是「所從事的專業知識」。四分之三的成功者為自己的這種品行打了「A」的等級。

地質學家菲利浦·奧克斯萊是著名的坦尼克石油勘採生產公司的創立者，他認為他的成功是由於「精通石油專業知識」。他親身參加過探油與採油的工程，掌握第一手的專業知識，他說：「一個人要想成為優秀的管理人才，必須對他所從事的行業知識有實地經驗過的瞭解。」

如今，他的專業知識為他掙得了六位數字的薪水。

菲利浦認為「掌握專業工作必需的知識」是成功公式的一部分。值得注意的是，他獲得專業知識是透過自學的方式，而不是透過正規學校。

一位集團的代理總經理說：「再沒有能比精通自己的工作更能幫助你獲得成功的了，它能減少風險和徒勞。」

一旦獲得了專業知識，不要把它認為是想當然爾的東西。在險峰被征服之後，這種學習過程仍然要持續下去。這位代理總經理說：「為了取得成功，你必須先精通專業知識。然後，你還必須繼續深入下去。」

三、博學多才

成就顯赫者必備這種「博學多才」的特質，因為它包含了迅速領悟高深的觀念，並深刻透徹地分析的能力。

百分之四十三的成功者說「博學多才的特質」是成功的一個非常重要的部分，另外有百分之五十二的人說它是相當重要的。現代研究證明，有許多種才智的天賦是無法用通常的方法（例如智商測驗）來評估的。但值得注意的是，成功人士都具有相當高的智商（IQ）。

根據調查，成功的人具備「博學多才」的能力是由智商之外的至少三個因素促成，它們是「廣博的語彙」、「良好的閱讀習慣」和「寫作技能」。這些成就非凡的人平均每年讀十九書本，包括十本非小說類的文學作品。當說起智力因素時，這些頂尖的人們不是只談自己天賦智慧。一位財政總經理把它總結為：「好奇的頭腦和廣泛的興趣是成功的重要基礎。」

衡量生命的尺度是思想和行動，而不是時間。

——盧伯克

像開採金礦一樣追求知識

獲得知識就如同獲得黃金這種珍貴物質一樣，也是需要聰明才智的。

大地為什麼不把所有蘊藏在地底下的黃金統統都集中到一個山頭上去呢？這樣一來，王公貴族也好，平民布衣也好，不是一下子就可以知道黃金的所在，並能盡其所能地進行開採了嗎？或者憑藉一種熱情，或者一次良機，或者花費無數時光，任誰都可以吹盡狂沙拾到金，還可以用所得的黃金隨心所欲地濫造金幣。

但大自然偏偏要我行我素，它總是把這種珍貴的金屬小心翼翼地分藏在地底下的細縫狹隙之中，讓誰都難以尋找。

你可以憑一時的熱情尋找金礦，但常常是空手而回。而只有當你歷盡艱辛開採之後，也許才有可能找到金礦的蛛絲馬跡。

「獲取知識」的情形與此非常相似。當你捧著一本好書的時候，你應當捫心自問：

「我該不該像一個礦工那樣工作呢？」

「我的工具都隨身帶好了嗎？」

「我的準備工作都無懈可擊了嗎？」

「我的衣袖是不是挽得高高的？」

「我的勁頭是不是鼓得滿滿的？」

「我的膽量是不是足夠？」

請你在求知路上永遠保持這種英勇無畏的礦工精神吧！

儘管這意味著這段路程會很艱難困苦，但你夢寐以求的「黃金」就是那些深刻的思想和淵博的學識。

書中的詞語猶如現實生活中含金的礦石，你只有將它們打碎並加以熔煉，才有可能「點石成金」。

你的求知工具則代表著嚴謹、勤奮和鑽研，而你的熔爐就是你那善於思索的大腦。如果以為沒有這些工具、沒有這種熱情，就可以敲開出類拔萃的那扇智慧大門的話，那你就大錯特錯了。

只有堅持不懈地進行艱苦卓絕的開採和經久不息的冶煉時，你才有可能獲得光彩奪目的黃金。

你熱愛生命嗎？那麼，別浪費時間，因為生命是由時間組成的。

——富蘭克林

探求知識切忌淺嘗輒止

知識是靠累積而成的，有所謂的「師父領進門，修行靠自己」，別以為自己學夠了，學海無涯，探求知識永遠要有「學不夠」的觀念。

在義大利文藝復興時期曾產生過許多畫家、雕刻家、建築家，而達文西被認為是那個時代「在思維能力、熱情和性格方面，及多才多藝學識淵博方面最傑出的人」，他在許多領域都有發明創造。

這樣一位偉大的先驅者，之所以能夠取得如此傑出的成就，與他在年輕少壯時努力探求知識的習慣是分不開的。

達文西的童年是在家鄉度過的，他從小勤奮好學，善於思考。

他對繪畫有特別的愛好，也喜歡玩弄黏土做一些稀奇古怪的東西。他常常跑到小鎮的街上去寫生，鄰居們都稱讚他是「小畫家」。

有一天，達文西在一塊木板上畫了一些蝙蝠、蝴蝶、蚱蜢之類的小動物，他的父親看見了，覺得畫得不錯。為了培養他的興趣，一四六六年，父親送他到佛羅倫薩著名藝術家佛洛基阿的畫坊去學藝，那一年他十四歲。

佛洛基阿是一位富有經驗的畫師，對學生要求十分嚴格，他教達文西的第一課就是畫雞蛋。

從此，達文西根據老師的要求，每天拿著雞蛋，一絲不苟地照著畫。過了一、二年，達文西有點不耐煩了。

有一天，他實在忍不住了，便問道：

「老師，為什麼只是讓我畫雞蛋呢？」

佛洛基阿聽了，耐心地對他說：

「別以為畫蛋很簡單，你要是這樣想就錯了。在一千顆蛋當中，從來沒有兩顆蛋的形狀是完全相同的。即使是同一顆蛋，只要變換一個角度，形狀便立刻不同了，例如，把頭抬高一點，或者眼睛看低一點，這個蛋的輪廓就會有差異。如果要在畫紙上準確地把它表現出來，非要下一番苦功不可。多畫蛋，就是訓練『用眼睛觀察形象』，訓練得心應手地表現事物，等到手眼一致，那麼對任何形象都能應付自如了。繪畫，『基本能力』是最重要的，你不要淺嘗即止，要耐心地畫下去啊！」

於是，達文西便更加刻苦認真地學習畫蛋。這生動的一課，不僅為達文西的繪畫藝術打下了基礎，而且對他以後鑽研多方面學問都很有啟迪。

達文西在此整整苦學十年，不但在藝術方面得到了良好的訓練，而且還結識了一批藝術家和學者，閱讀了大量的書籍，在許多領域都打下了知識基礎。後來，達文西在總結童年學畫的經驗時，他告訴下一代藝術愛好者們：

「你們若是天生愛畫的人，我要對你們說，你們若想學得觀察物體形態的技巧，須由『細節』入手。若是第一階段尚未記牢、尚未練習純熟，切勿進入第二階段，否則就虛耗光陰，徒然延長了學習年限。切記，藝術靠勤奮，切勿貪圖捷徑。」

無論掌握哪一門知識，都必須循序漸進，練好最基本的功夫。如果只是好高騖遠，貪求捷徑，是沒有希望登上知識高峰的。

讀書是累積知識的基礎。基本原理來源於書本，但須經實際生活的檢驗。

——約翰遜

講求學習方式

正確的學習方式，可以幫助你盡快達成學習的目的，千萬別用囫圇吞棗的學習方式，讓學習之路事倍功半。

一、有目標地累積知識

在知識的累積過程中，最重要的是「要有目標」。有目標的累積最有效率，因為「有了目標，才談得上有計劃」；若是目標不清楚，無從制定計劃，無法完成任何一件事。

有了目標，才能明確你要的是什麼。缺乏聯貫的知識，或雖有聯貫但彼此相隔太遠的知識，累積得再多，也難以發揮作用。

有了目標，才可能判斷知識的相對價值。知識都具有價值，但是對於不同的立志成功者來說，它們的價值又具有相對性，其實並不一樣。只有明確目標，才能在較短的時間內掌握並累積較多的有用知識。一個什麼都想學，什麼都想累積的人，什麼都學了一點，最後什麼也沒有學成。

前蘇聯教育學家蘇霍姆林斯基說得很明白：

「你的周圍有一個浩瀚的書海，要非常嚴格、慎重地選擇閱讀的書籍和雜誌。求知慾旺盛的人總是想博覽一切，然而這是做不到的。要善於限制閱讀範圍，要從中排除那些可能會破壞學習制度的書。」

在知識結構中，存在附著在知識骨架上的「肌肉」，沒有這些「肌肉」，只是幾根「骨頭」，是無法應付創造及需要的。

累積知識，並不是為了堆積一堆無用的材料，而是為了讓「肌肉」更結實地附著在知識的骨架上，組成一定的知識結構，更有效地發揮知識的功能。這就要考慮知識的整體效應。那麼，應該怎樣強化知識結構的整體效應呢？

㈠建立一個主導核心。

在知識結構之中，「核心」決定結構的性質與功能。這個核心的構成是複合的，不是單一的；但是一般都有一門、兩門知識占有較大的比重。例如，物理學人才知識結構核心多是由物理學、數學組成。所謂知識結構的特色，主要是由其核心決定的。

㈡使知識系統化。

「系統化」就是按照科學的內在聯繫組織知識，使之能有效地解決問題。達爾文認為：「科學就是整理事實，以便從中得出普遍的規律或結論。」別林斯基也認為：「只要一涉及到科學，那麼主要的事就是講究有系統、有秩序。」

知識系統化，不僅是發揮其功能的前提，也是科學本身的重要特徵。當然，這裡講的「系統化」是以核心為軸心的系統化，二者是有系統的整合。

㈢知識間的關連不能只看到單獨一門的知識，卻無視於知識之間還相互依存，相互作用。

有的知識之間可以相互啟發，相互促進，例如，地理學與歷史學之間有緊密的聯繫，歷史事件的發生總是不能脫離一定的空間及時間。學好地理有利於學好歷史，學好歷史，也可以促進學好地理。

注意知識間的相互關係，掌握知識間的融會貫通，不要把任何一門知識的某一部分凝固。同時，要從整體結構上去掌握知識之間的縱橫聯繫，使知識熔於一爐。

㈣合理、高效的知識結構不是一成不變的，而是動態發展的。

因為：第一，世界在不斷地發展變化，人要想不落後於世界的多變，就得與之相適應；第二，人的主觀觀念不是一次即可完成的，需要在多次反覆中求得深入；第三，人們在成功過程中，成功的目標會因主觀興趣、客觀條件的變化而變化。

成功目標的變化，也會引起知識結構的調節。調節的基礎有兩個，一為反饋，一為預測。反饋是適應性的，預測是主動性的，二者都不可忽視。

例如愛因斯坦，在他讀大學的時候並沒有意識到數學在他研究物理學中的重要地位，上數學課常讓同學代他做筆記。可是，到後來課程上到相對論的時候，沒有數學工具——黎曼幾何、能量分析的基礎，他幾乎寸步難行。因此他馬上進行補充數學知識，經過幾年的努力，他終於駕馭了數學工具，完成相對論理論的目標。

「調節」是為了提高知識結構的完美性，但是世界上並沒有一種至善至美的結構。追求知識結構的完美無缺，並不是我們的目的。要緊的是，使自己的知識結構具有達到成功目標的功能。

二、為目標蒐集資料

「蒐集資料」是有效地開展工作必不可少的準備和基礎。因此，為既定的目標有效地蒐集資料的能力顯得非常重要。以下幾個方面可供參考：

㈠目的明確——在現在科學分類愈來愈細的情況下，一般人不可能在許多領域中都取得出色的成就。

學海無涯，而人生的時間和精力卻是有限的，一個人能在某一領域有所成就就已經很不錯了。因此，在確定了自己終身奮鬥的目標後，蒐集資料就應有明確的方向。

切忌蒐集的資料範圍太雜，這樣往往會淹沒研究的主題，以至喧賓奪主，勞而無功。況且時間也不允許你把某門學科的近鄰遠親都弄得一清二楚。有句名言說得好：「什麼都想知道，結果什麼也不知道。」

蒐集資料要有明確的目的性是至關重要的。對於自己所接觸的資料，要善於鑑別其真正的價值，以便決定取捨。

在資訊爆炸、知識更新率不斷提高的今天，這一問題顯得尤為重要。蒐集的資料要經得住時間的考驗，要力求在相當長的時間內對自己的工作有所裨益，而不至於在短時期內失去其作為資料存在的意義。

㈡認真篩選——任何名著、佳作都不可能字字閃著金光，句句皆良言。一般都會既有其獨到的見解，也可能有失之偏頗之處，有些甚至是良莠混雜。

摘取資料必須善於分析，去粗取精，去偽存真，為我所用。要善於沙裡淘金，擷取有效的思想、觀點和方法。

㈢統籌兼顧——蒐集資料必須從橫縱兩個方面考慮。所謂縱的方面，就是累積那些有利於把自己的研究引向深入的資料；所謂橫的方面，就是在累積那些專門學科知識的同時，蒐集與自己研究的領域、探索的問題有密切關聯的那些學科的資料，以便在闡述自己觀點時能夠旁徵博引。

有時其他學科的知識，能給自己研究的專題帶來啟發、聯想和論據。馬克思為了研究政治經濟學，閱讀了一千五百多種書籍，甚至連關於農業化學、實用工藝學之類的書都不放過。對資料的統籌兼顧，實際上也是在培養自己的綜合能力和預見性。

研究某一具體問題，必須盡可能地蒐集到有關這個問題的所有資料。只有在大量資料的基礎上進行整體的歸納分類、分析、綜合，才能有所發現，有所創見。

㈣及時摘錄——一位著名學者曾說過，一旦發現有價值的資料就要馬上摘錄下來。讀書看報，隨時都可能碰到有用的資料。這時，就要立即做成卡片。有些零星的、散見在報刊雜誌上的資料，如果不及時蒐集，往往如過眼煙雲，稍縱即逝。重新查找不僅花費時間，而且有些資料往往一時很難再找到。

利用卡片、筆記等方式蒐集資料，是為了幫助記憶。而資料的價值之一，就在於其準確性。蒐集資料時一定要做到「認真」兩字。摘抄完畢，最好與原文核對一遍，特別是引語和資料的正確性。作者的基本觀點，最好採用原文，以免在自己轉述時失真。資料的出處（版本、日期、頁碼等）更要絲毫不差地記上，以便需要的時候翻閱原來的著作。

㈤注意求新——蒐集資料要盡可能反映最新動態，增加最新的資訊。在一定時期內，針對某一問題的研究，不僅要蒐集前人對這一問題的看法和觀點，瞭解他們探索的足跡，同時更要注意蒐集同時期不同人的研究成果，特別是目前的研究進展情況。

這就要求我們不僅要在著名的著作上搜尋，更要注意經常閱讀各種期刊雜誌、評論及文摘。一般新出版的著作裡記載的往往是幾年前甚至十多年前的研究成果，而出版周期較短的雜誌，則有助於掌握國內外的新動向、思想和新的結果。

㈥系統整理——蒐集資料一般可概括為下列過程：輸入（蒐集）→整理、編碼→存儲→輸出。蒐集資料的目的是為了運用，因此應當盡可能地考慮到使用時的方便性，隨時對蒐集的資料進行編碼，按照資料的內在聯繫將它們的相互間的關係，整理出一個有邏輯的系統來加以存儲。

把資料依內容分類，歸入一定的系統，並且整理出每條資料間的相互關係，一旦要使用時便可信手拈來。

三、涉獵多方面的學問

格拉索是美國當代物理學家，他由於和美國物理學家溫伯格、巴基斯坦物理學家薩拉姆三人在弱電統一理論上的貢獻，共同獲得了一九七九年度的諾貝爾物理學獎。

格拉索在少年時期曾就讀於美國紐約市布朗克斯高級理科中學。這是一所人才輩出的學校。據說，這所學校對學生的挑選非常嚴格，有時幾乎到了苛刻的地步。格拉索早在中學的時候，就開始自學大學的微積分課程，量子力學雖然是大學高年級的課程，他也買幾本教課書，在課餘時間研讀，並冥思苦想去弄懂這門高深的學問。

班上有個「科幻俱樂部」的組織，格拉索就是俱樂部中的成員。熱愛科學、興趣廣泛、思維活躍的少年們，經常聚集在一起，海闊天空地談論科學。在這種自由自在、天真活潑的氣氛中，格拉索的知識得到了迅速的擴展，思想得到了鍛鍊，創造力也得到了開發。

格拉索中學畢業後，進入美國著名的康乃爾大學學習。他為了進一步開闊知識視野，除了學好物理外，還選修音樂、東亞歷史、法文、文學和電焊等科目。格拉索獲得諾貝爾獎之後，曾有一位記者不解地問他：「你說看小說、逛公園也有好處，可是這對你的研究到底有什麼關係呢？」

格拉索回答說：「對世界或人類運動中的事物形象掌握得越多，越有助於抽象思維。假如你從未看過大象，你能憑空想像得出這樣奇形怪狀的東西嗎？」他還說：「往往許多物理問題的解答並不在物理範圍之內，涉獵多方面的學問可以提供更開闊的思路。」

誰若遊戲人生，他就一事無成；誰不主宰自己，永遠是一個奴隸。

——歌德

明確的學習內容

專家指出，與一個人事業的成就關係最密切的學習內容為以下六大方向：

一、智力學習

智力就是人們通常所說的智慧和聰明，它是保證人們有效地進行學習的內在心理特徵的有機結合。一般而言，在青年的活動中需要培養的智力包括：觀察力、記憶力、思維力、想像力、注意力等方面。觀察力是智力活躍的門戶。觀察力的培養對青年的學習與成功十分重要。但觀察力的培養並非輕而易舉。青年在觀察力的學習與培養過程中，既要學會觀察事物的全貌，又要學會觀察事物的各個組成部分；既要觀察事物發展的全部過程，又要觀察事物發展的各個階段；既要觀察事物的相似之處，又要觀察事物的細微差別；既要觀察事物比較明顯的特徵，又要觀察事物比較隱蔽的特徵。

世界著名作家莫泊桑說過，要使自己對事物有更深的洞察力，「對你所要表現的東西，要長時間專注地觀察它，以便發現別人沒有發現過和沒有寫過的特點。」

記憶力是智力活動的倉庫，人們智力結構中的各要素都離不開記憶力。

培養記憶力，首先是要增強記憶力的敏銳性、正確性、持久性和備用性；同時也應當借助思維的幫助，透過思維以加強對知識的理解，建立起必要的聯想，這是通向記憶的堅實之路。此外，還要正確對待「遺忘」。一方面要掌握遺忘的規律，和遺忘作競爭；另一方面只有遺忘掉那些不必記住的東西，才能牢記那些必須牢記的東西。

思維力是智力活動的核心。一旦失去思維能力，那麼觀察力、記憶力、想像力和注意力的作用都無從發揮。青年在學習的過程中，一定要善於思考。一般來說，青年的學習分為三種不同的水平：「記憶的學習水平」、「理解的學習水平」和「思考的學習水平」。

第一種「記憶的學習水平」只求記住學習的內容，甚至不惜死記硬背。

第二種「理解的學習水平」則要求弄懂學習內容的意義，力求融會貫通。第三種「思考的學習水平」是以問題為中心，透過積極思考，力求發揮自己的創造性，主動去解決問題。

在成功的學習過程中，這三種水平的學習都是客觀存在的。但就實際的情況來看，還是第一、二種水平的人占多數，第三種思考的學習水平的人數為少。因此，對處於前兩種水平的人而言，要努力把自己提高到後一種水平上，否則，成功之路會變得黯淡失色又困難重重。

想像力是智力活動的翅膀。想像力的作用在於使人的思緒奔放起來，進而能夠推動人們去創造、培養想像力，就要不斷增強想像的豐富性、新穎性和獨創性。但是我們又不要去提出那種毫無根據、完全不著邊際的胡思亂想。想像，只有和現實緊密聯繫才富有創造性，才是真正難能可貴的，才是科學成功所必需的。

注意力是智力的維護者。注意力的作用在於使心理活動指向、集中或轉移到某種客觀事物上。人們的一切智力活動，包括觀察、記憶、思維、想像，都只有在注意力的參與下，才能有效地順利進行。因此，我們在自己的學習生活中，必須善於掌握和調整自己的注意力。

二、能力的學習

「能力」就是人們通常所說的才能和本事，它是一個人運用知識和智力成功地進行實際活動的本領。「創造能力」是青年成功的重要標誌。創造能力是一個人知識、智力、能力的綜合反映，是表現一個人能發展出有價值的新思想、新方法、新成果的本領。

創造力不是每個人都具有的，它是智力「金字塔」頂上一顆閃光的明珠，一個人只有在不斷的學習與奮進過程中才能摘取。從這個意義上說，學習是成功的基礎，而能力的學習比知識的學習更重要。

三、科技知識的學習

科技文化由三個基本的層次組成：

第一個層次是器物層次，比如新的技術、設備和物質產品等。在現代社會生活中，不會使用科技產品和高科技工具，很難在現代社會生活中站得住腳，更不用說有所作為了。

第二個層次是制度層次的科學文化，主要表現在社會各個領域的體制和組織管理的一系列變革中，其中最重要的就是強調科學人才在各個領域中的比重。制度層次科學文化的深入發展，將為成功者提供制度上的保障。

第三個層次是價值觀和行為規範層次的科學文化。這一層次的科學文化集中表現在由近代科學技術發展所提倡的科學精神中，比如批評、創新、理性、規範、求真、公平、寬容、效率、互助等科學精神，這些精神不僅為近代科學技術的持續發展提供了重要思想理論基礎，也為走向知識經濟時代的成功者提供了寶貴的精神基礎與思想前提。

四、個性學習

個性，是指一個人在生活、生產活動中表現出來帶有一定傾向性的特徵，比如堅定性、靈活性、敏捷性、嚴謹性、獨立性、主動性等。人才的成長不僅與智力有關，也與非智力的個性因素有關。高爾基在《遺傳的天才》一書中提出：「熱情、勤奮等特質是構成天才的重要因素。」

特爾曼則認為：「成就的百分之七十五是取決於進取心、自信心和堅持力等人格特徵。」

教育學者也認為：「成功離不開良好的人格特質，如目標堅定而遠大、興趣廣泛而專一、情緒積極而穩定、有好奇心和求知慾、創造性、富有幽默感等。」

個性心理特質雖然有一定的遺傳因素，但更多的是在後天的學習中培養出來的。因此，個性學習是一個人成功學習中一個必不可少的學習內容。

五、奠定創造型的專業

人才的知識基礎在當代科學技術分科越來越細、高度分化的基礎上又日益走向綜合化、整體化，因此要求創業人才在知識結構上要既「專」又「博」，尤其是富有創造性的人才，更需要有廣博的知識。一般而言，這個知識結構需要有三個方面的基礎知識為支柱：

㈠哲學的指導

哲學是指具有哲理性的頭腦，它居於首要地位，對人的一切活動具有指導作用。有人評價愛因斯坦的成就時認為，他獲得五次諾貝爾獎，並認為他取得如此巨大的成就，首要因素是具有革命的、批判的、科學的「懷疑精神」，也就是指導他認識客觀世界的世界觀、方法論正確。

㈡語言的學習

語言包括本國語言和外國語。當今社會是資訊的社會。語言是傳播資訊的要重工具，它使人增強理解力，便於獲取資訊。語言學習得好，就取得了向學科領域深入的自由。外語學習得好，也就取得了迅速、及時、準確、大範圍掌握外國資訊的自由。語言也是表達思想、輸送資訊的重要工具。外國語言和本國語言是相通的，對外語的掌握是要以本國語言為前提、為基礎的。

㈢數學的訓練

當代的科學技術要求創造型人才具有數學的基本能力。現在有許多學科已經由定性描述，進展到定量描述，運用了比較深的數學工具。幾十年前，數學主要還是在力學、物理學中發揮作用，缺乏數學訓練的年輕人只要避開數學、力學、物理學等學科即能施展自己的才能。而現在，數學不僅比較深地介入了自然科學技術的每個領域，也介入了社會科學的眾多學科。

一百多年前，馬克思就有遠見地指出：「一門科學只有當它達到了能夠運用數學時，才算真正發展了。」藉此可知，馬克思是非常注意研究數學的。可以預計，今後的更多學科，會以更快的速度走向定量化。現在的年輕人必須估計到今後四、五十年的發展，要用戰略眼光來看待這個問題。

數學訓練對人們更深的意義，在於它能給人塑造出一些優秀的思維特質，提高解決問題的能力。例如：讓我們說明某一階段社會道德精神面貌如何，若只是靠著觀察和大概的估計是缺乏科學依據的，如能根據隨機抽樣做出統計，或根據設計的實驗拿出一些專案的統計數字，就具有了更強的說服力。

數學訓練可以使人的思維具有嚴密性和邏輯性。一個青年人如果能夠透過各種途徑圍繞以上三大方面打下比較堅實的基礎，就取得了向各個分支學科深入的自由；基礎越堅實，越深厚，自由度也就越大，就有助於使自己成為當代所需要的創造型人才。

六、透過學習進行自我開發

透過學習可以進行「自我開發」，其中所包括的內容主要是以下三方面：

㈠培養人文素質

「人文」泛指人類社會的各種文化現象。這裡的「人文」，在內容上可以分成人文知識和人文精神。人文知識，是指文、史、哲、藝術等方面的科學知識，人文精神則指人的人格、氣質和修養。

智力不僅僅包含知識因素，還包含非知識因素。非知識因素所表現的情感、情趣、意志、價值觀、責任感等方面的內容在於開發人的學習興趣，增強人的奮鬥精神，保障人實現既定的學習目標等方面有其獨到的作用。所以，智力開發，既是指知識能力的開發，也是指非知識能力的開發。培養人文素質，就是對非知識能力的開發。

㈡掌握最新資訊

「資訊」是人類社會賴以存在和發展的基本條件之一。人類社會一經產生，就有了交換資訊的活動。在商品經濟和科學技術高度發展的現代社會裡，資訊交換日趨增多，資訊對社會發展的作用也日益明顯。資訊的重大戰略價值是在向我們表明，最新資訊的蒐集和處理將直接關係到人才的發展方向，關係到工作能力的提高。現代人要提高自己的競爭能力，就要重視資訊、瞭解資訊的特徵。資訊的傳遞手段多樣化，包括資訊傳播迅速、資訊全球化、資訊綜合化等。

㈢終身學習

傳統教育的一個顯著特點就是階段性，它只強調學校教育的作用，而忽視其他學習的必要性，因而只把學習侷限在人一生的特定時期，即青少年時期。隨著時代向前推移，傳統教育已滿足不了社會的需要。因為，科學的高度發展和應用，新技術革命的高漲，已使產業結構、勞動結構、工作方式等發生急劇變化，促使人不斷從一種職業向另一種職業轉移。

新知識的不斷湧現，社會對人的素質要求也越來越高，僅靠青少年期接受一次教育，已應付不了生活變化後的需要和社會對人才的要求，因此，就要從階段性的教育轉向接受終身學習，以持續地、廣泛地接受知識，迎接競爭帶來的挑戰。教育的終身性，主要表現在教育的一體化上，即建立完整的受教育體系，包括嬰幼教育、青少年教育、成人教育、家庭教育、社會教育、專業教育、在職教育和繼續教育，並把這些方面有機地結合起來，交叉互補，聯成一體，貫穿於一身，使人獲得終身持續性發展。

傾己所有追求知識，沒有人能奪走它；向知識投資，收益最佳。

——富蘭克林

知識存摺

「儲存知識」有兩種基本方式：內儲和外儲。知識的內儲，是指透過記憶，把所需的知識儲存在自己的大腦這一個資訊庫裡；而知識的外儲就是指把一定的知識儲存在大腦的記憶部分之外。

西德未來學家哈根·拜因豪爾指出：「今天一個科學家，即使夜以繼日地工作，也只能閱讀本專業全部出版品的百分之五。」這樣一來，知識外儲的問題，也就被提升到了重要的地位上了。那麼，怎樣掌握知識內儲或者外儲的原則呢？

一般來說，對於自己所從事專業的基礎知識，是應當內儲的。但是作為支配知識內儲的，就是要掌握好選擇性。不能像沙漠吸收流水一樣，吸收了知識，卻連一泓清泉也不能噴到地面上。

而知識外儲沒有一定範圍，但是這個外儲也可以從程度上分為有目的外儲和無目的外儲。有目的外儲，是指為了實現一定目的，去蒐集整理大量資料。無目的外儲，是指平時的廣泛的知識累積，在隨便翻翻、廣泛瀏覽的過程中，接觸了各種新的領域和新的知識。這種知識外儲，有時也會產生創造性效果，啟發思維活躍，並引導你去進行有目的的知識外儲。

知識外儲的方法很多，一般有做筆記、記卡片、作摘錄、編索引、剪輯資料、速記自己的思想火花等等。透過這種種方法，把知識之網串聯起來，使自己的「內儲知識」與「外儲知識」形成一個不同於別人的知識體系。

知識是一座寶庫，而實踐是開啟寶庫的鑰匙。

——富勒

科學的學習方法

「科學式的學習方法」不僅能去蕪存菁，讓你節省許多不必要的摸索時間，更能夠讓學習之路事半功倍。

一、打破常規

每個人都知道鋼的密度比水大，因此推測「鋼鐵在水上必然會下沉」就是順理成章的了，甚至我們可以很容易地用實驗來驗證這一點。然而，如果這個常識占據我們的頭腦，並阻礙我們的思維的話，恐怕到今天我們也只能利用幾艘木船來做些短程的航行。

一般人很容易陷入一種固定思維模式之中，常識和前人的經驗是這種思維模式遵循的金科玉律，是它得以維持的原因。我們常常容易犯的錯誤是：躲在前人的綠蔭底下，不敢越雷池半步。在知識快速更新的今天，這種學習方式顯然要被淘汰。

創造性的學習，就是在學習和解決問題的過程中，不拘泥於前人的經驗和常識，敢於開闢新的道路、尋找新的突破點，打破常規、拋棄曾奉為金科玉律的一切看法，換一個角度來思考。

正如歇洛克．福爾摩斯的名言所說：「排除了一切不可能的，不管多麼荒誕，剩下的就是可能的。」

解決問題或達到目標的途徑不止一種，愛迪生在發明電燈時經歷了一萬次失敗，但對此失敗，他只是淡淡地說：「我發現了一萬種不能做成電燈的方法。」

創造性需要的正是這種態度：這條路不行，沒有關係，換條路試試，總有一條路行得通。

古時人們認為人類絕無可能飛起來，因為「人類沒有像鳥一樣的翅膀」。但為什麼一定要有「翅膀」才能飛呢？換個角度考慮，「飛機」終於實現了人類想飛的夢想。

不過，我們需要記住的是，「換一個角度思考」和「開闢新道路去解決問題」

絕不是不需付出代價的。愛迪生發明電燈就試驗了上萬次，布魯諾因為提倡「日心說」被火燒死，有更多的人終其一生也許都沒有找到最終的答案進而抱憾終生。

為什麼「創造性學習」的過程如此艱難？道理很簡單，在平時的學習中，你只是在做只有一個或有限個答案的選擇題，而且答案常常都是現成的，你只需要良好的或足夠的耐心就可以完成。「創造性學習」則要求你要在無限的可能中找出一個答案來。如此一來，會訓練你在許多不可能中去尋找可能的結果，甚至創造出更不同的結果。

二、捨繁就簡

你以為四百多年前，當天文學家哥白尼提出「日心學說」時，他觀察到了地球是在繞著太陽轉的嗎？不是。他只是覺得「地心說」太複雜了：有八十個圓球整天在地球的周圍繞來繞去，既不和諧，更不美麗。哥白尼堅信大自然絕不做任何多餘的事情，因此他將那些複雜的圓球統統簡化掉，並創造出一個假想的「哥白尼宇宙」：「地球自轉著，同時並繞著太陽轉。」這樣一來，那些看似複雜的「繞著地球的圓球」問題驟然變得明朗起來，而它們的軌跡也變得分外清晰。哥白尼這一簡化的思考邏輯，居然引導出了近代科學的開端。

哥白尼的這一簡化動作無疑具有劃時代的意義，因為這一簡化揭示了宇宙間惟一可以長存的一條規律：只有最優秀才能存在。

在知識經濟時代，個人所獲得的訊息大得驚人。這為我們進行創造提供了充足的資訊累積，但往往也容易使我們陷入無窮無盡的障礙。如果不想被複雜化的狂濤所淹沒，那麼「簡化」就是第一步。

事實上，最複雜的事情往往是由最簡單成分所構成的。現代分析學的理論顯示，任何看似複雜的圖形，其實都是由幾個非常簡單的幾何圖形經過若干次的堆疊而成。

「最簡單的，也就是最有效的」，這一大自然的法則在蜜蜂採蜜時也得以巧妙的運用。蜜蜂採蜜時所採取的行動路線，如果用幾何圖來表示是最普通的放射狀圓，然而在這簡單的路線上，蜜蜂不會漏掉任何一個可能的採集點，同時又走了最短路線，難道還有比這更富於說服力的嗎？因此，當你在處理一件複雜的事情時，首先是不要被其龐雜繁瑣的外在表像所嚇倒，更不要徘徊停滯在複雜外表中，要大膽地去簡化。在大膽的簡化之後，也許一個嶄新的世界正在等待著你。

三、自由聯想

在傳統的填鴨式知識傳播體系中，「聯想」和「幻想」很容易與「無稽」、「不務正業」等貶義甚濃的詞語聯繫起來，然而這正是填鴨式的知識傳播體系不能適應新時代之處，填鴨式的教育只是在培養一代又一代傳播知識的「工具」，而不是培養可以改變世界的「人才」。

在電腦未曾誕生，知識累積尚不甚豐富之際，這些傳播知識的「工具」也是必需的。但在一張手掌大小的光碟片上就可以存放人類幾十年甚至上百年知識的時代裡，以前的傳播工具就失去存在的價值了。

為什麼要自由地聯想和幻想呢？這是因為在無限制的情形下，人腦的活力將得到最大的發揮，也最容易閃現出新的火花。正如我們在謀求簡化時所說的，「大自然絕不做多餘的事」。因此，事物之間各種看似相當複雜的相互關係，基本質的聯繫其實非常簡單，聯想和幻想的目的就是去找到這種簡單的聯繫。

但普通的聯想和幻想很容易被慣有的思維定勢所禁錮，而無限的聯想和幻想卻使得我們能有更多的機會去找尋答案。譬如，當我們看到一條毛毛蟲捲曲身子從斜面滾下去時，普通的聯想頂多認為毛毛蟲找到了一個很好的逃避的方式，但進一步聯想：這不就是「輪子」的雛形原理嗎？

若再進一步聯想，也許我們會聯想到：人類可以利用一個球形的充氣囊從懸崖上往下跳。

如果做無限制的聯想，我們甚至可以聯想到：「毛毛蟲滾動的軌跡」可能與「某一個行星的公轉軌跡」相似，或者氣候的變遷使得毛毛蟲採取了這種姿式的捲曲與滾動。

當然，「想像力」可以無邊無垠，但最終都要回復到正在學習的內容或正待解決的問題上。你需要記住的是，無論你的想像內容是多麼荒誕不可理喻，但如果它有助於解決問題或者使你產生絕妙的創意，那麼你的做法就是正確的。

當愛因斯坦思考「相對論」時，他正在做著白日夢，幻想著自己正騎在一束光上，做著太空旅行，然後他繼續思考：「如果這時在出發地有一座鐘，從我坐的位置看，它的時間會怎樣流逝呢？」這樣的「白日夢」也許看似荒謬，但何不是一種探索真理的理論呢？

四、動用全部感官

「創造性學習」是一種大腦的活動，而大腦與外界資訊的直接聯繫站則是各類感官。由於各類感官蒐集資訊的渠道不一，反映的強度不同，因此它們替大腦蒐集的資訊不但不會相互干擾，反而由於相互間的補充而得到整體的加強幫助。

若以「看恐怖片」這件事為例，可以很好地說明這個問題：如果沒有聲音，光看恐怖的畫面，我們也許會無動於衷，至多因為視覺刺激而表現出一些驚訝。一旦配合畫面的恐怖音樂或聲音傳入我們耳中，我們將會出現恐懼的心理反應，這時如果誰再在我們身上拍一下，我們準會害怕得尖聲大叫。

分作兩半的大腦就是這樣處理資訊的：它絕不作簡單的累加，它總是將能引起最多腦細胞活動的各類資訊的「聯結點」找到，然後有點類似於核子爆炸的連鎖反應般引發大腦的活動。很明顯地，尋找到的聯結點越多，大腦的活動力越強烈，產生全新創意的機會也越多。

早期教育學家簡豪斯頓曾在他的教育學專著《教育可能的人類》一書中指出：「如果孩子們跳舞、品嘗、觸摸、聽聞、觀看和感覺資訊，他們幾乎能學到一切東西。」

不僅僅是孩子，我們中的任何一個人都受這條規律的影響。但必須注意的是，「聯結點」是引發連鎖反應的關鍵，多種感官的參與只是外在表現而已。假使你以為一邊看著書，一邊聽著搖滾樂隊的搖滾音樂，一邊又要忙著品嘗剛出籠的鮮肉包，就可以使你更深刻地理解書的內容，並產生出幾個絕妙的主意的話，你就大錯特錯了。沒有聯結點的多感官蒐集的資訊只會產生相互干擾，導致大腦接收到資訊的品質甚至比單感官蒐集的還要差。

對大多數人來說，工作不僅僅是一種必需，它還是人們生活的焦點，是他們的個性和創造性的源泉。

——塞爾斯

學習是一輩子的朋友

「學習」是一生中的重要大事。事實上，一旦走出學校，我們一樣有機會學到更多的東西。因為學校是一種溫室環境，只有在步入社會以後，我們才會遇到現實生活中的各種問題。

一旦進入社會工作，知識就開始發揮更重要的作用，我們可以用自己的所學及經驗去檢驗它們，更深刻地理解它們，並吸取其精華。

從今天開始，你應該為自己樹立一個目標：每天要學些新東西。你在搭公車時，注意一下其他乘客，你會發現多數人什麼也不做，他們只是坐在那裡。他們在考慮什麼有意義的事嗎？他們在解決一個問題？但很可能他們只是在白白地浪費時間。但那些想取得進步的人，不會浪費在公車上這段時間，他們會思考、或閱讀，他們更有希望取得成功。此外，還要注意向身邊的人學習。

「向其他人學習」是生活的一個法則。

坦普爾頓還是孩子的時候，就經常觀察他所接觸到的成人以及他的同學。從他們身上，他瞭解了哪些事情能導致成功、快樂和成果，哪些事情做不到或不能做；他還學會應該努力做什麼，又應該避免什麼。總之他汲取了許多人的聰明才智。

你可以做同樣的事情。只要你注意觀察，你就能從你所遇到的每個人身上學到不同的知識。為了更好地向身邊的人學習，除了學會傾聽外，還要學會提問題。尋找人們喜歡談論的話題，然後就有興趣的地方提問題。這種習慣會讓你從兩方面獲益，你提些聰明的問題會讓人感到高興，同時自己也學到東西。

成功者「徵求意見」而不是「提意見」。

坦普爾頓年輕時曾在德克薩斯州的達拉斯市為國內地球物理公司服務過，那是他大學畢業後第一次較重要的工作。他一心想獲得成功，為此他每週至少一次接近雇主，詢問：「我應該做些什麼來改進工作呢？」

這一策略產生兩種效果：坦普爾頓既學到怎樣做好工作，也讓他的老闆感覺到他是多麼真心地希望改進工作。

一年內，他成為該公司主管財務的副理。

他確信始終如一的「好問態度」是他晉升的關鍵。

「如果你是我，你會做什麼？」這個問題是通向成功的墊腳石。透過詢問這一問題，你不僅會得到創造性的建議，而且人們會認為你的事業生涯必定會走向成功。

當你需要知識就像你在海底需要空氣時，你一定能得到它。

——蘇格拉底

發揮獨創精神

英國康橋大學動物病理學家貝弗里奇在他寫的《科學研究的藝術》中說：「成功的科學家往往是興趣廣泛的人。他們的獨創精神可能來自他們的博學多問的個性。」「多樣化會使人觀點新鮮，而過於長時間鑽研一個狹窄的領域則易使人愚鈍。因此，閱讀不應侷限於正在研究的問題，也不應侷限於自己的科學領域，甚至不應拘於科學本身。」

二十世紀七〇年代初，美國曾對一百一十五個科研機構中的一千三百一十一名科學家進行過為期五年的調查，結論是「通才取勝」。

現代科學家是專才基礎上的通才。所謂「通才」，一般指的是學識廣博，具有多種才能的人。通才，不是全才，也不是在多學科上平均用力，而是以某一門學科為立足點、為根據地，同時對其他幾個學科也有所瞭解。科技工作者只有知識面寬廣，才富有觀察力和想像力，思考問題才有廣闊的背景。辯證法歷來與思想僵化是完全對立的。在科學的分科越來越細的形勢下，我們不能做分科、分工的奴隸，而要做分科、分工的主人。

我們的思想不能受學科劃分的侷限，不能忘記學科之間的滲透、科學一體化的另一趨勢。現在應該看到：不能雜而不專，不能對知識掌握得浮光掠影；也不能專而不雜，把自己束縛在狹窄的專業領域裡。專而又雜，在專業基礎上的廣博，是需要的。寬與窄是一對矛盾，是對立統一的關係。

在寬與窄的矛盾中，我們不妨說知識面寬廣是主要方面，但也不能片面地誇大，停留在泛泛地閱讀、泛泛地議論上。

我們強調知識面寬是為了在思考問題、提出問題、研究問題中，思路活絡；但在解決問題時又要善於把問題控制在有限範圍裡，集中力量，深入鑽研，攻取之。既要善於聯繫我們的豐富知識，又要善於避開一些次要的問題。

瑞典一位科學家在給受訓人員安排課題和參考書時常常囑咐一句：「這些書，你不必都看，只看對你解決問題有關的部分。」

為了迅速達成一個課題，宜於把它控制在盡可能小的範圍內，暫時用不著的東西先放著，不必無邊際地去看書這就叫做「戰略上要寬，戰術上要窄」，也就是知識面寬與窄的辯證法。

對於思想方法正確的人來說，他是批判地博覽，力求保持獨立思考，避免因循守舊，用博覽啟發思想，博覽中注意研究、思考，就不會影響觀點的新鮮和獨創精神。

不是無知本身，而是對於無知的無知，才是知識的死亡。

——懷特海

求博學而非雜學

一、發現蘊藏在知識之中的智慧

古時候，人們的思考方式是從「直線」及「視覺」為出發點，都認為地球是平的。

早在兩千五百年前，希臘人阿納克西曼德對地球「平面說」進行了思考。在晴朗的夜晚，他發現天空的群星在一夜之中橫穿過天空，只有一顆星卻總是不動。這星顆就是北極星。於是，阿納克西曼德認為，天空是一個巨大的空心球或「球面」，天空中的這個球面（簡稱天球），環繞一條無形的「軸線」在旋轉著，軸線的一個頂端直指北極星，另一個頂端則在人們無法看到的球體的相反一邊。

開始時，阿納克西曼德也認為地球可能是一塊厚厚的平板。那麼，為什麼從來沒有人跑到過這塊平板的盡頭呢？他從太陽、月亮和天空都是球體而獲得啟發，「地球會不會也是一個球體呢？」可是，他並沒有把地球設想成球體，而認為地球是一個橫在天體中央的圓柱體，這樣一來，雖然能合理地解釋了為什麼人們沿著圓柱體曲線向南走時，隱沒了北方的一些星星；向北走時，則隱沒了南方的一些星星，然而卻不能說明為什麼人們朝其他方向行走時，群星在天空出沒的種種複雜情況。

西元前四百五十年，古希臘學者菲洛雷厄斯最終解決了這一難題。他根據星星位置的變化、帆船向遠方航行時帆底首先消失、月食時地球的陰影總是圓的等一連串現象，進而得出結論：「地球是一個球體，這個球體位於比它大得多的天球的中心。」

大約在西元前三百五十年，古希臘學者亞里士多德解決了地球呈球形的又一難題：由於任何物體都受到地心的引力的影響，所以物體都會自動向下墜落，站在地面上的人也因此不會顛倒而總是腳向下的。由此進一步證明，地球只能是圓形的球體。

西元前二百四十年左右，希臘學者埃拉托色尼得知在全年白天最長的六月二十一日中午，把一根木杆插進埃及南部的一個城市的地面，它不會投射出陰影，於是他在這天中午到埃及北方城市亞歷山大，將木杆插入地面，結果看到一段陰影，他根據兩地的距離為五百英里，就可計算出地球的周長是兩萬五千英里。

在此後一千多年，大多數人都不贊同埃拉托色尼的推測，直到西元一五一九年，葡萄牙航海家費迪南德．麥哲倫，率領一支船隊，從西班牙出發作歷時三年的航行證明：埃拉托色尼的計算是正確的。最後，人類的智慧又使推測變成了現實。

從一九六一年開始，人類開始直接探索宇宙奧祕，人們從外太空拍攝到的地球照片看到，地球的確是球形的。可見，知識之中蘊藏著智慧。人類在探索微觀和宏觀世界過程中所表現的智慧，遠遠超過了知識所具有的魅力。人類所有的知識的獲得，都是人類智慧的結晶，「從知識之中汲取智慧」，也就顯得非常重要了。

二、從知識累積成為智慧

統計科學家統計，當今世界上的知識，大約五年增長一倍，但是，我們還不能說人類的智慧每五年多一成。即使將來智慧的增長速度大大提高，由於傳遞智慧要比傳播知識的難度為大，何況，汲取智慧在更大的程度上決定於學習者的知識的廣度與深度。因為知識面狹和知識水平低，都會影響從本專業以外的領域或本身的專業知識中汲取智慧。

培根有一句名言：「知識就是力量。」但現實社會卻向我們展示了，「智慧比知識更有力量」。

如果說知識可以用來認識和解決問題，那麼智慧就是一種能有效地綜合各種知識，從使用知識進而創造新知識的力量。由此看來，他人的智慧可以用來提高自己的智慧水平，頭腦裡「進化」和「消化」的智慧累積到一定程度，就必然會促使自己頭腦裡迸發出新的智慧。

我不喜歡工作——沒有人會喜歡工作。但是我喜歡在所從事的工作中，找到發現自己的機會。

——約瑟夫

6 tips to release emotional stresses

6 tips to release emotion stresses

精力旺盛，出類拔萃

達到重要目標有兩個途徑——努力及毅力。努力只有少數人所有，但堅韌不拔的毅力則多數人均可實行。

——拿破崙

精力旺盛，才能出類拔萃

根據心理學研究顯示，對某一件事情的專注熱情，是成功的必備條件之一，這裡所謂的專注熱情，便是「旺盛的精力」。

微軟創始人、軟體大帝比爾·蓋茲之所以會成為當今世界的顯赫人物，其獨特的性格特徵也許早已注定了他的非比尋常。

對小時候的蓋茲來說，在課堂上睡覺是常有的事。他的生活極其緊張，三天不睡覺對他來說如同家常便飯。據一位朋友說，他經常三十幾個小時不睡覺，然後倒頭便睡上十來個小時。

蓋茲睡覺的習慣很獨特，他從不在床單上睡覺，累了的時候，他就躺在他那張亂糟糟的床上，隨手拉一條毯子蓋在頭上，不管何時、也不管環境如何喧鬧，他總能馬上進入甜甜的夢鄉，而且至今仍保持著這個習慣。當他坐飛機時，常用一條毯子蓋在頭上，然後在整個航程中酣睡不止。

在同學眼中，蓋茲極有個性。他在談話、閱讀或沉思時，總習慣把頭置於雙手之間，身體前後猛烈地搖擺。有時為了表達自己的觀點，他甚至還會瘋狂地揮舞手臂。他喜歡辯論，辯論的時候言詞激烈。在表達觀點時，如果有人激怒他的話，他會暴跳如雷。

對微軟公司的大多數程式設計的人員來說，和蓋茲一起參加技術會議就如同是進行語言測試一樣。

蓋茲有一種發現他人紕漏的驚人能力，在辯論的時候表現得尤為突出。一旦發現一個人的漏洞，他就會用他最喜歡的字眼，諸如「傻瓜」、「瘋子」之類將人貶得體無完膚。

蓋茲有著一張長不大的娃娃臉，許多競爭對手就是被這個外形清瘦、頭髮蓬亂、帶著頭皮屑的大男孩的那張誘人上當的面孔所迷惑。

儘管蓋茲看上去像個倉管員，但他卻成了一個令人敬畏的商業鉅子。他喜歡舒適地坐在電腦前，一邊吃披薩，一邊喝可樂，一邊徹夜不眠地編寫電腦程式。

現在已經沒有人再把蓋茲當成小孩子，而且時常還有人會提醒蓋茲說他是美國最富有的人。

之所以如此，是因為蓋茲看上去更像是一位普通人，他的朋友雷伯恩回憶起與他偶遇時的情景說：「他哪像美國最富有的人呀，竟然沒有隨從，好像是閒逛一樣、還對我說『喂，你好，我們一起去吃熱狗吧。』

蓋茲是個典型的工作狂，這種特質從他在湖濱中學時期就已表現得淋漓盡致，無論是在電腦房鑽研電腦，還是玩撲克，他都是廢寢忘食，不知疲倦。一九七四年，當蓋茲認為創辦公司的時機尚未成熟而繼續在哈佛大學念二年級時，他開始瘋狂地玩撲克，撲克和電腦消耗了他的大部分時間。

像其他他所專注的事情一樣，蓋茲玩撲克很認真，他第一次玩得糟透了，但他並不氣餒，最後終於成了撲克高手。只要晚上不玩撲克，蓋茲就會出現在哈佛大學的艾肯電腦中心，因為那時使用電腦的人還不多。有時疲憊不堪的他會趴在電腦桌上酣然入睡。蓋茲的同學說，他們常在清晨時發現蓋茲在機房裡熟睡。

蓋茲也許不是哈佛大學數學成績最好的學生，但他在電腦方面的才能卻無人可以匹敵。他的導師不僅為他的聰明才智感到驚奇，更為他那旺盛而充沛的精力而讚歎，他說道：「有些學生在一開始時便展現出在電腦行業中的遠大前程，毫無疑問，蓋茲會成功的。」

在阿爾布開克創業時期，除了談生意、出差，蓋茲就是在公司裡通宵達旦地工作，常常至深夜。有時，祕書會發現他竟然在辦公室的地板上鼾聲大作。

不過為了能休息一下，蓋茲和他的合夥人艾倫經常光顧阿爾布開克的晚間電影院。「我們看完電影後又回去工作。」艾倫說。

一九七九年，微軟公司遷到了貝爾維尤，一九八三年，微軟公司宣佈了要開發WIN DOWS的消息。

一位曾到過蓋茲住所的人驚訝地發現，他的房間中不僅沒有電視機，甚至連必要的生活家具都沒有。蓋茲常在夜晚或凌晨向其下屬發送電子郵件，程式設計師常可在上班時就發現蓋茲凌晨發出的電子郵件，內容是關於他們所編寫的電腦程式。

蓋茲經常在夜晚檢查程式設計師所編寫的程式，然後再提出自己對程式的評價。

蓋茲位於華盛頓湖畔對岸的辦公室距其住所只有十分鐘的駕車路程，一般的情況是，他於凌晨開始工作，至午夜後再返回家。他每天至少要花費數小時時間來答覆員工的電子郵件。

許多傑出的成功者都像蓋茲一樣精力旺盛，充滿了活力和熱情。「旺盛的精力」是成為高效率的人，在事業上取得輝煌成績的重要條件。

每一種工作都蘊藏著無窮的樂趣，只是有些人不懂得怎樣去發掘它們罷了。

——盧梭

失敗的疲勞轟炸

我們會經歷「精神疲勞」，主要有兩種情況：「開始時的疲勞」和「工作中的疲勞」。

「開始時的疲勞」，是由於人們感到自己從事的工作乏味或太困難，因而一拖再拖，最後造成心理上的厭煩和疲乏。顯然這種疲勞不是指體力上的疲勞。補救的方法一般人雖不易做到，卻也是擺明著很簡單的：那就是用意志力去克服。

阿德勒在編輯《西方巨著薈萃》時，要對其中的一百多篇文章逐一進行評論。他一個星期工作七天，花了二年半的時間才寫完。

如果他容許自己先寫觀點最容易闡述的文章，也許就永遠也寫不完了。按照自我要求的規則，阿德勒決意嚴格地照字母的順序寫，從不讓自己跳過一個棘手的觀點，而且在一天的工作中總是先著手最難寫的文章。經驗再次證明，這一個自我要求規則是有效的。

而「工作中的疲乏」更難對付。它同樣不是指體力上的疲勞，而是指人們在工作遇到困難時隨之加重的思想負擔。在這種情況下，只有盡自己的最大努力繼續工作——直到能下意識地一直維持下去。

阿德勒在擬編第十五版《大英百科全書》時，要作一個按字母順序排列文章的專題目錄。

此事以前從未做過，日復一日，他列出了一個又一個的方案，但始終不能令人滿意。為此，他疲勞得幾乎無法繼續下去。最後，他覺得智窮力竭，就把不能解決這個問題的原因全都寫在紙上，設法使自己相信：不能解決的問題實際上也是無法解決的；癥結在於問題本身，而不在於自己。借此自慰，阿德勒便坐在安樂椅上睡著了。

不久，他從夢中醒來，思想突然豁然開朗，有了解決問題的辦法。

在之後的幾個星期裡，他無意識中想到的辦法終於一步一步被證實是正確的。雖然他同以前一樣努力工作，但沒有一點厭倦和困乏之感。

就像「失敗使人沮喪」般，「成功令人無比振奮」。阿德勒體驗到了當今心理學家們稱之為「才華橫溢」的樂趣。

人生中幾乎沒有比成功地發揮自己的才幹更振奮人心的樂事了，它能使人精神煥發，不停的工作。

在實際工作中，我們可以把原因不明的、非體力方面的疲勞作為一種警報的系統，探究產生疲勞的根源，找出我們正在掩飾而不敢承認的失敗，並診斷失敗的原因。

在有些情況下，可能是我們所從事的工作實在太難了，我們對此茫然而不知所措。倘若如此，我們可以承認事實。在大多數情況下，只要我們耐心對待眼前的工作，下最大的決心，施展所有的本領，加上隨之而來的無意識的幫助，那麼，問題便可得到解決。

把精神疲勞當作體力疲勞，這是我們可能犯的最糟糕的錯誤。

我們身體疲勞時，只要讓它有機會休息一下即能恢復；而精神疲勞卻不是靠讓它休息一下就能輕易消除的。

不管什麼樣的絆腳石，都應在失敗引起的疲倦向我們襲來之前盡快清除。

不管怎樣的事情，都請安靜而愉快吧！這是人生。我們要依樣地接受人生，勇敢地、大膽地，而且永遠地微笑著。

——盧森堡

輕輕鬆鬆消除疲勞

一位打字小姐艾莉絲的故事，顯示出人對於「疲勞」的極端反應，頗是耐人尋味。

這天晚上，艾莉絲回到家裡時已經精疲力盡了，頭痛、背痛、疲倦得連飯也不吃就想上床睡覺。母親再三催促，她才勉強坐到餐桌前。

這時，電話鈴響了。是她的男朋友打來的，約她出去跳舞。她的眼睛突然亮了，精神頓時振奮起來。她衝上樓去，換上那套心愛的藍色短裙，一陣風似地衝出了家門。

她一直跳舞直到半夜才回來，此時不但不再感到疲倦，當晚甚至興奮得不想睡覺了。

真是不可思議：半小時前她是那麼疲憊不堪；半小時後又是這般精神煥發。她真的是那麼疲勞嗎？是的。但這不是由於工作的勞累，而是由於「對工作的厭煩」。

艾莉絲的故事明白地告訴我們：心理因素的影響，往往比肉體勞動更容易產生疲勞。

一個人感覺厭煩的時候，身體的新陳代謝作用就會降低，而一旦當他對面臨的事情發生了興趣，他的新陳代謝的作用又會立刻加速。這時使他感到的是興奮，而不是疲倦。

科學家曾試圖瞭解，人類的腦子能夠工作多久而不至於使「工作能量減低」，也就是科學上對「疲勞」的定義。

令這些科學家們非常吃驚的是，他們發現，透過活動中的腦細胞的血液，毫無疲勞的跡象。但如果你從一個正在做工的工人的血管裡抽出血液，就會發現他的血液裡充滿了「疲勞毒素」；但是如果你從愛因斯坦的腦部抽出血來，即使是在一天的終了，愛因斯坦的血液也不會有任何疲勞毒素在內。

如果只討論腦活動力的話，那麼它「在八個或者十二個小時之後，工作能量還像開始時一樣地迅速和有效率」，腦部是完全不會疲倦的。

那麼是什麼使你疲倦呢？心理治療專家們都說，「我們所感到的疲勞，多半是由精神和情感因素所引起的。」

英國最有名的心理分析家德費，在他的著作《權力心理學》裡說：「絕大部分我們所感到的疲勞，都是由於心理影響。

事實上，純粹由生理引起的疲勞是很少的。」

美國著名的心理分析家布列爾博士說得更詳細。他說：「一個坐著的工作者，如果健康情形良好的話，他的疲勞百分之百是受心理因素，也就是『情感因素』的影響。」

煩悶、懊恨，一種不受欣賞的感覺，一種無用的感覺，太過匆忙、焦急、憂慮等等，這些都是使那些坐著工作的人精疲力盡的心理因素。

為什麼我們在勞心的時候，也會產生這些不必要的緊張呢？

何西林說：「我發現主要的原因是幾乎所有的人都相信愈是困難的工作，愈是要有一種用力的感覺，否則做出來的成績就不夠好。」

所以只要我們一集中精神，就會不由自主地皺起了眉頭，聳起了肩膀，要所有的肌肉都來「用力」。事實上這樣的「用力工作」對我們的思考，根本沒有絲毫幫助。

碰到這種精神上的疲勞，應該怎麼辦呢？要放鬆！放鬆！再放鬆！要學會在工作時放輕鬆一點。

要做到放鬆並不容易，可是作這種努力是值得的，因為這樣可以使你的生活產生革命性的變化。威廉．詹姆斯說：「美國人過度緊張、坐立不安、著急以及緊張痛苦的表情……這是壞習慣，不折不扣的壞習慣。」

「緊張」是一種習慣，「放鬆」也是一種習慣，而壞習慣應該去除，好習慣應該養成。

你怎樣才能放鬆呢？下面是幫你學會如何放鬆的四項建議：

一、隨時放鬆自己

你有沒有抱過在太陽底下睡覺的貓呢？當你抱起牠的時候，牠的頭就像打濕了的報紙一樣塌下去。要是你能學貓一樣地放鬆自己，大概就能避免這些問題了。

二、工作時採取舒服的姿勢

要記住，身體的緊張會產生肩膀的疼痛和精神上的疲勞。

三、每天自我檢討幾次

問問你自己：「我有沒有使我的工作變得比實際上更重？我有沒有用一些和我的工作毫無關係的肌肉！」這些都有助於你養成放鬆的好習慣。

就像大衛．哈羅．芬克博士所說的：「那些對心理學最瞭解的人們，都知道疲倦有三分之二是習慣性的。」

四、每天晚上再檢討一次

問問你自己：「我有多疲倦？如果我感覺疲倦，這不是我過分勞心的緣故，而是因為我做事的方法不對。」

「我算算自己的成效，」丹尼爾・何西林說，「不是看我在一天完了之後有多疲倦，而是看我有多不疲倦。」

凡是打算充分利用一生中任何一部分時間的人，必須讓其中一部分用於遊戲娛樂。

——約翰・洛克

累了，就先休息

從事勞動力工作的人，如果休息時間夠多的話，那麼每天就可以做更多的工作，這就是休息的好處。

佛德瑞克．泰勒在貝德漢鋼鐵公司擔任科學管理工程師的時候，就曾以事實證明了這一點。他曾觀察過，工人每人每天可以往貨車上裝大約十二點五噸生鐵，而通常他們到中午時就已經筋疲力盡了。他對產生疲勞的因素做了一次研究，認為這些工人不應該每天只能裝運十二點五噸生鐵，而應該能裝運四十七噸。照他的計算，他們應該可以做到目前成績的四倍，而且不會這麼疲勞，只是必須要加以證明。

泰勒選了一位施密德先生，讓他按照碼錶的規定時間來工作，也就是有一個人站在一邊拿著一只碼錶來指揮施密德：「現在拿起一塊生鐵，走……現在坐下休息……現在走……現在休息。」結果怎樣呢？別人每天只能裝運十二點五噸生鐵，而施密德每天卻能裝運到四十噸。而當佛德瑞克．泰勒在貝德漢鋼鐵公司工作的那三年裡，施密德的工作能力從來沒有減低過，他之所以能夠做到，是因為他在疲勞之前就休息：每個小時他大約工作二十六分鐘，休息三十四分鐘。他休息的時間要比他工作的時間多——可是他的工作成效卻差不多是其他人的四倍。

為了有效地防止疲勞，應該在感到疲勞之前就休息。這一點為何重要呢？因為疲勞增加的速度快得出奇。美國陸軍曾經用幾次實驗證明，即使是年輕人，如果不帶背包，每一小時休息十分鐘，他們行軍的速度就加快，也更持久，所以陸軍強迫他們必須要有休息的時間安排。

一個人的心臟每天運作出來流過你全身的血液，足夠裝滿一節火車裝油車廂；每二十四小時所提供的能力，也相當於用鏟子把二十噸煤鏟上一個三尺高的平臺所需的能量。你的心臟能完成這麼多令人難以相信的工作量，而且持續五十、七十甚至可能九十年之久。你的心臟怎麼能夠承受得了呢？

哈佛醫院的華特．坎農博士解釋說：「絕大多數的人都認為，人的心臟、整天不停地在跳動著從不休息。事實上，在每一次收縮之後，它有完全靜止的一段時間。當心臟按正常速度每分鐘跳動七十下的時候，一天二十四小時裡，實際的工作時間只有九小時。也就是說，心臟每天休息了整整十五個小時。」

在二次大戰期間，英國首相邱吉爾已經六十多歲了，還每天工作十六個小時，指揮作戰，實在是一件很了不起的事情。他保持能量的祕訣在哪裡？他每天早晨在床上工作到十一點，看報告、口述命令、打電話，甚至舉行很重要的會議。吃過午飯以後，上床睡一個小時。到了晚上，在八點鐘吃飯以前，他要上床睡兩個鐘頭。他並不是要消除疲勞，因為他在感到疲勞之前就防止了。因為他經常休息，所以可以很有精神一直工作到半夜之後。

約翰・洛克菲勒也創了兩項驚人的紀錄：他賺到了當時全世界為數最多的財富，也活到九十八歲。他如何做到這兩點呢？最主要的原因當然是他家裡的人都很長壽，但另外一個原因是，他每天中午在辦公室裡睡半小時午覺。他會躺在辦公室的大沙發上——在睡午覺的時候，哪怕是美國總統打來的電話，他都不接。

在《為什麼要疲倦？》的書裡，丹尼爾・何西林說：「休息並不是絕對什麼事都不做，休息就是修補。」在短短的一點休息時間裡，就能產生很強的修補能力，即使只打五分鐘的瞌睡，也有助於防止疲勞。

棒球名將康黎．馬克說，自己每次出賽之前如果不睡一個午覺，到第五局就會覺得精疲力盡了。可是如果有睡午覺的話，哪怕只睡五分鐘，也能夠賽完全場，一點也不感到疲勞。

愛迪生認為他無窮的精力和耐力，都得益於他能隨時想睡就睡的習慣。

如果你沒有辦法在中午睡個午覺，至少要在吃晚飯之前躺下來休息一個小時，這比喝一杯飯前酒要便宜得多了。如果你能在下午五點、六點左右睡一個小時，你就可以在你生活中每天增加一小時的清醒時間。為什麼呢？因為晚飯前睡的那一個小時，加上夜裡所睡的六個小時——一共是七小時——對你的好處比連續睡八個小時更多。

工作是一種樂趣時，生活是一種享受！工作是一種義務時，生活則是一種苦役。

——高爾基

先休息，就可以隨時重新上路

休息的藝術屬於生活的藝術的一部分。因為一個過度疲勞、急需休息的人不會做出任何有效率的工作。

如果一個人徹夜未眠，次日清晨大腦可能會拒絕工作。當疲勞是出於體力不支時，休息還算不上一門艱難的藝術，人會跟動物一樣倒頭便睡。但是，當大腦疲勞時，往往急需睡覺的人卻難以入眠。

現代文明為我們提供了更多的休息時間，我們應該學會利用這些時間，講究「休息的藝術」。

一、從事不是工作的休閒

某些事情對別人來說是工作，對我們來說卻是休息。唱歌、種花、打魚、狩獵、做家具，但這些事對演員、花匠、漁夫、獵手和木工來說是工作，而對於業餘愛好者卻是消遣活動，儘管付出了很大的勞動。首先，由於工作的改變，使人體不同的肌肉和神經得到運動，成為一種自身的休息。再則，業餘愛好者可以在這些活動中感受到成功的喜悅。他們做這些事，完全自由自在，想停便停，沒有任何束縛。

二、玩遊戲

遊戲是一項更不存有利害關係的活動，因為其目的不是解決實際問題，而是遵守一些隨意制定的規則，接受與否悉聽尊便。

棋手也好，牌手也好，都不是在與物質世界抗爭，而是向純智力領域挑戰。其中存在著兩種休息的因素：他知道損失的那一部分無關緊要，也知道偶然的介入是有限的，應當注重良好的體育道德。

三、看表演

不論是看表演、看電影，這類活動能讓人靜靜地觀賞。為什麼說這是一種休息呢？因為在藝術的世界中，我們不要求做出任何決定。戲劇雖是能夠打動我們的心，反映我們的現實生活，但它是在一種臆造的環境中進行的，這一點我們的內心十分清楚。

四、旅遊

出外旅遊本身就是一種休息。我們大家時常需要沐浴在清新自由的環境下。即使在緊張中，常規和紀律也使我們覺得快活。再者，這類短期旅遊休息時間並不長，外出幾日，讓自己能心曠神怡，這是再好不過的結果。

每一點滴的進展都是緩慢而艱巨的，一個人一次只能著手解決一項有限的目標。

——貝弗里奇

腦袋越用越靈活

你擔心自己腦袋不靈光嗎？你擔心自己被社會淘汰嗎？讓自己的腦袋保持無窮能量是有技巧的：

一、大腦越用越靈活

一個人的腦力是否有限？大腦是越用越靈還是越用越衰退？為了保護腦功能就應該少用腦嗎？現代腦科學對這幾個問題的答案是明確的：一個人對他的腦的使用來說，其潛在能力可以說是無限的。

腦不是越用越笨，而是越用越靈。為了保護腦，應該多使用腦力，勤記憶、勤思考。這些回答並非是憑空捏造的心理安慰，而是基於科學的觀察和研究。從結構上分析，人腦一百五十億個神經細胞之間有著複雜的突觸聯繫，這種聯繫的組合用天文數字都難以表達。

科學家發現，學習、記憶的結果，可使神經細胞的微細結構發生變化，表現在樹突上會「長芽」。這樣的結構特點就使腦成為一個龐大的資訊儲存庫。科學家估計，一個人的大腦在一生中儲存的知識，有可能達到相當於美國國會圖書館藏書（有一千多萬冊）的五十倍。

這就說明，每個人的記憶容量就其現實性來說是無限的，是總有空餘的地方的。隨著年齡的增長，機械記憶的效果雖然逐漸降低，但有意識記憶和意義記憶的能力卻在增長。

此外，從二、三十歲以後，人的大腦皮層神經細胞估計每天要死去十萬個，但到八、九十歲，留下來的神經細胞仍然很多，大量的神經細胞還未使用。

根據日本的調查資料顯示，平日工作緊張多用腦的人，智力比懶散者高百分之五十；平常智力負荷很少，沒有學習和思考方面的壓力，甚至整天無所事事、思想懶惰者，智力衰退較早，老年時易出現反應遲鈍、腦力不濟，以致老年癡呆症。

還有不少心理學研究證明，學歷及職業的智力水平高的老人，比照歷來智力活動較少的老人，腦的老化和智力的衰退要慢得多、輕得多。

因此可以認為，「懶於學習思考」會使大腦出現廢用性萎縮，而追求知識、勤於思維，則是精神上返老還童的妙藥。

二、防止大腦過度疲勞

要多用腦，這是從整體來說的，但就每天、每次的腦力活動來說，又必須注意保護腦，不可使腦過度疲勞。

合理用腦需要注意下面幾點：

㈠及時作短暫的休息

腦力活動是腦內旺盛的代謝過程，時間長了，消耗的營養物質和堆積的代謝廢物增多，達到一定程度，就會感到疲勞。一般說來，大腦連續進行緊張智力活動的時間不宜太長——學齡前兒童十五分鐘左右，中學生半個小時至一小時，成年人約一點五小時，便應當有一小段休息時間。

㈡學習和工作穿插安排

交替學習內容差別較大的不同課程，比長時間讀一門功課的效率高。這樣做，可使大腦管理不同功能的部位得到輪流的興奮與抑制，避免長時間使用一個區域，以保持大腦的高工作效率。

㈢生活要有規律

科學家透過試驗證明，長期生活在沒有陽光和鐘錶的地洞裡的人，體溫、心率、活動情況等仍然保持著大約二十四小時一個周期的正常生活睡眠節律。如果我們的生活作息制度與此節律相一致，那麼，只要我們一上床就會很快入睡，一到起床時間就會自然覺醒。

相反的，不定時起床就寢，任意顛倒睡眠的節奏，就會影響身體健康，甚至產生神經衰弱和其他疾病。

有規律的生活還有利於大腦皮層把生活當中建立起來的各種條件反應形成固定的「生理時鐘」。也就是說，如果每天的各項活動經常以相同的順序和固定的時間間隔出現，就會透過大腦皮層的綜合作用，把一系列活動聯繫起來，形成一個內部神經過程的系統，即「生理時鐘」，進而使各種腦力和體力的活動進行得更容易、更熟練、更省力。

㈣保持足夠的睡眠

睡多長時間才算夠？成年人每天平均要睡七～九小時。睡眠的好壞並不全在於「量」，還在於「質」，即睡眠的深度。深沉而品質高的睡眠，消除疲勞快，睡眠時間可減少。

不能一律規定每人每天睡眠時間為八小時，而應該根據睡醒後的自我感覺是否良好來判斷睡眠時間是否足夠。過多的睡眠不但沒有必要，反而有害，會使頭腦更為昏昏沉沉，就不能保持正常工作所必需的興奮水平。

三、保持大腦的最佳狀態

人體是一個統一的整體，腦的最佳狀態自然要依賴於健康的身體。體質健壯、精力充沛，大腦的工作效率和對疲勞的耐受能力也強。而為了身心健康，堅持體育鍛鍊、保持積極的情緒、培養多方面的興趣、講究衛生、防治疾病等，都是十分必要的。

四、適當從事體能活動

體能活動是一種積極性休息，此時管理體能活動的腦細胞處在興奮狀態，而掌握緊張思考的腦細胞也能得到休息。

運動能夠鍛鍊神經系統對疲勞的耐受力，加強大腦中供應能量的高能磷酸化合物的再合成過程，進而保持大腦的正常機能運作，使疲勞延緩出現。

在工作間隙作短時的運動安排，還可使已疲勞的視覺和聽覺感受力提高百分之三十。由於活動促進血液循環和呼吸，腦細胞可以得到更多的氧氣和營養物，因而代謝加速，腦功能有所增強。這些都是體能活動對腦功能的即時性良好影響。

從累積性長期效果來看，體能鍛鍊可以改善循環、呼吸、消化等各個系統的機能，進而增進身體健康，延緩腦力的衰退，有效地提高大腦活動的靈活性和準確性。

五、保持積極情緒

人們把情緒分為消極的和積極的兩類：前者是不愉快的，如憤怒、悲傷、焦慮等，有損身體，也有損腦的工作能力；後者是愉快的，如喜悅、自信、安寧等，對身體有利，也有利於腦的工作。

只要能保持積極的情緒，就產生自我催眠，而對於那些疲勞的假象也能快速消除。

如果你想一生擺脫苦難，你就得是神或者是死屍。想想他人的不幸，你就能坦然面對人生。

——米南德

思想有如源源不絕的泉水

差不多任何年紀的人都怕老。一位專門研究老年問題的心理學顧問發現，來找他的人不少是三十多歲的男女，他們都擔心老之將至，想知道怎樣去除這種憂慮。下面是這位心理學顧問的建議：

一、要意識到生物時間與鐘錶時間並不盡同

歲月越增，生物時間就過得越慢；年齡越大，老得越慢。三十～四十歲之間的生理變化，並不像二十五～三十歲之間的那麼大。五十五～七十五歲之間的生理變化也不能和四十～五十歲之間的情形相比。日曆使人對年齡產生誤解的另一個原因，就是身體各部分衰老的速度不同。你十歲時眼睛就開始衰老了，二十歲左右聽覺也開始衰老。到了三十歲，臂力、反應

速度與生殖力都已過巔峰。但另一方面，你的心智到五十歲時還正年輕，而且仍在成長，腦力活動到六十歲始達巔峰，六十歲以後才極緩慢地衰退，直到八十歲。

到八十歲時，人在心智方面可以和三十歲時一樣靈活，而且經驗更多。年紀大的人，記憶力常會減弱，但有創作意境的想像力卻不受年齡限制。

隨著年齡增加，我們領悟得越多，見解也更透徹，判斷力與理解力也提高了；同時由於經驗豐富，解決難題的方法也更高明，簡而言之，我們獲得了智慧。這足以解釋為什麼年老的醫生、資深的律師、經驗豐富的工匠，還能跟年輕力壯的同業一爭短長。

切不可錯把感情上的未成熟狀態與真正的青春混為一談。真正年輕的人一定也是成熟的人。感情上無法成長的男女，通常容易早現老態。

有些人到了晚年，思想行動幼稚，返老還童，就因為他們一直沒有真正度完童年階段。有人裝扮得比自己實際年輕，也表示在感情上尚未成熟。

二、只要保持心智靈活，就能青春長駐

不妨對周圍的事物多加注意、關心，每天至少學一樣新東西，最重要的是不可「安於現狀」。

心理學家慣見人從三十五歲左右開始就分為兩種類型。有些人不但對家庭與職業的興趣濃厚，對其他事物也不斷增加興趣：他們閱讀報紙雜誌，忙於有益的嗜好，尤其是熱衷那些需要動手動腦的事物。

而另一種人從三十五歲就開始沉溺在平淡而舒適的刻板生活中。每天上班、回家、吃飯，看看報上的漫畫和體育版，再看看電視，然後睡覺。他的妻子也是天天做家務，照顧孩子，看電視，偶或看本愛情小說，參加打牌的聚會。第一種類型的人隨著歲月而越來越年輕，第二類種型的人如果不改變生活方式，到四十五歲就老了。

不管你年紀多大，都可以從事點興趣來增加生活情趣，絕不會為時太遲。多學一門技能，永遠都不嫌太遲。

不管年紀大小，努力向前的人就容易保持青春。你只要肯試，一定可以做到。內心保持清明與活躍，是最有效的長春仙藥。

畢生保持求知欲，就一定能在自己的重大使命上成就一件事。

——池田大作

精神健康就不會老化

「精神健康」的重要性不在身體健康之下，對於從事腦力工作的人來說，保持精神健康、防止精神老化其意義更為重要。同時，不要以為這只是老年人的事，對年輕人來說也同樣重要。因為青年人正在學習和創造，處於用腦較多的時期，如何保持旺盛的大腦活力，防止精神未老先衰，更有其必要性。

精神老化不像身體老化那樣是一種不可抗拒的自然規律。精神老化可以透過有意識的鍛鍊，延遲它的到來。

下面介紹一些讓自己保持精神健康的方法：

一、多與人交談

在創造學中有一條很重要的經驗，就是許多發明創造都是發明家在與別人的交談中，得到啟發產生靈感的。

對於一位學者來說，參加學術報告會、討論會，實在是必不可少的，因為在這些場合，他們不僅可以從同行們的發言中得到啟發，而且，在自己作報告或與同行的交談中，可以使自己的大腦得到鍛鍊。

經常鍛鍊的人必定身體強壯，同樣地，經常說話，尤其是在陌生人面前說話，無疑是對大腦的一種鍛鍊，能促進大腦功能的進化。有演講經驗的人都有這樣的體會，當你面對成百上千的聽眾講話時，你的思路會變得敏捷起來，各種原先沒有想到的內容會像噴泉似地湧現在腦海裡，連你自己也不知不覺地會脫離講稿，作一妙語連珠似的精采講演。

二、多聽輕鬆的音樂

人的大腦的左右兩腦負擔著各種不同的功能。人的語言、計算、分析等功能，都由大腦的左腦負擔。當工作一天下來休息時，能聽聽音樂是有好處的，因為音樂只進入右腦，這時，可以讓左腦得到充分的休息。

需要指出的是，所聽的音樂應當是純粹的旋律音樂，即不帶歌詞的優雅的音樂。如果聽的是歌曲，其中有歌詞，這部分文字資訊將進入大腦的左腦，結果使左腦得不到充分休息。還要指出的是，聽音樂時不能邊聽邊思考其他問題，而必須陶醉在音樂聲中，因為思考問題時必須借助語言的分析潛能，這會導致大腦左腦繼續在活動。

三、多背誦、勤記憶

美國某電機公司有個八十二歲的老職員，他不僅身體健康，而且一直精神飽滿。使他長保青春的祕訣何在？原來他在五十歲那年從一本雜誌上看到，防止大腦老化的最好方法是「學習外語」。

這對他觸動很大，於是從那時起，他就堅持收聽廣播外語，每天做習題，向人請教。後來，他還進了業餘外語學校，先後學習了德語、法語、俄語、拉丁語、西班牙語等幾種語言。他這樣勤學外語的目的，既非出於工作需要，也不是為了業餘愛好，而是為了鍛鍊自己的大腦，防止老化。結果證明收到了很好的效果。

四、集中注意力

「集中注意力」對一個人來說是很重要的。思考問題、創造發明等智慧性的大腦活動，都需要有高度的注意力集中。據說，德國大哲學家康德每天早晨要眼睛盯住窗外的樹木看三十分鐘，以此來鍛鍊自己集中注意力。有意識地鍛鍊自己集中注意力，能促進大腦功能的發展。

集中注意力的鍛鍊方法多種多樣，這裡介紹一種鐘聲訓練法。

保持正確的坐或睡的姿勢，靜心地傾聽鬧鐘的嘀嗒聲。開始聽時，感到聲音輕而且遠。經過一段時間鍛鍊後，會感到聲音變響了，而且距離也近了。當你感到聲音是從周圍牆壁和門窗上反彈回來時，這表明你的注意力已集中到驚人的地步。做好這個訓練再去學習其他新的事物時，你會感到集中注意力的效果大增。

五、多動筆寫文章

科學研究證明，經常使用大腦，不但不會使它老化，反而能防止老化。

寫文章時也會需要大量的腦細胞支援。要使文章寫得文理通順、段落清楚、結構緊湊、描寫生動、用詞得當，需要調動大腦的許多部位來參與這項工作的執行，這就使整個大腦得到一次很好的鍛鍊。因此，經常寫文章是保持大腦的活性，防止大腦老化的有效方法。

六、多做口腔運動

人在疲倦時，打個呵欠，伸伸懶腰，就能消除疲勞。

科學家們發現，打呵欠、講話、朗讀甚至像漱口等嘴巴上下顎和口腔的運動，都能對增強大腦功能有好處。這是因為口腔是離大腦最近的器官之一，對口腔和咽喉加以運動刺激，就能促使腦部血液供應充分，使腦的功能加強。例如，打呵欠就是因為大腦處於缺氧狀態而引起的，打了呵欠後，可以增加血液中的含氧量，而對改善大腦缺氧狀況大有好處。改善大腦的氧氣供應，乃是增進大腦功能的重要一環。

七、多散步、勤走路

古希臘哲學家亞里斯多德在教學生們學習哲學時，總是一邊在樹林裡散步，一邊講授和學習。那時的人們認為從事「用腳走路」的體能活動能增強腦的活力。現代運動生理學的專家們認為，鍛鍊腿部肌肉確實能消除大腦的疲勞。因此，多走動、多散步對防止大腦老化是有正面幫助的。

只有不斷地追求探索，永遠不滿足已取得的成績的人，生活才是美好的、有價值的。

——薩帕林娜

6 tips to release emotiona stresses

勤奮立志，開拓人生

如同任何偉大的浪漫關係一樣，偉大的工作只會在歲月的醞釀中越陳越香。所以，在你終有所獲之前，不要停下你尋覓的腳步，不要停下。

——史蒂夫．約伯斯

用心，創造幸福生活

著名哲學家羅素指出：「真正的幸福絕不會光顧那些精神麻木、四體不勤的人們，幸福只在辛勤的工作和晶瑩的汗水中。」

懶惰會使人們精神沮喪、萬念俱灰，惟有透過工作才能創造生活，給人們帶來幸福和歡樂。任何人只要工作，就必然要耗費體力和精力，工作也可能會使人們精疲力竭，但它絕對不會像懶惰一樣使人精神空虛、精神沮喪、萬念俱灰。

馬歇爾．霍爾博士認為：「沒有什麼比無所事事、空虛無聊更為有害的了。」

美因茲的一位大主教認為：「一個人的身心就像磨盤一樣，如果把麥子放進去，它會把麥子磨成麵粉，如果你不把麥子放進去，磨盤雖然也在照常運轉，卻不可能磨出麵粉來。」

那些遊手好閒、不肯吃苦耐勞的人總是有各種不同的藉口，他們不願意好好地工作、用心思考，卻常常會想出各種主意和理由來為自己辯解，比如：「那山太難爬了！」或者「那沒必要試——我已經試過多次了，都沒有成功，無須再試了。」

針對這種種詭辯，塞繆爾．羅米利先生曾寫信給一位年輕人說：「你這懶惰行為，所謂沒有時間等等，都只是一種藉口，你總是用種種不同的藉口來為自己辯解，我看你最根本的性格就是『不肯努力，不肯下功夫』，你的理論就是這樣：每一個人都會把他能做的事情做好的。如果有哪一個人沒有做好自己的事情，這表明他不能勝任這件事情。你沒有寫文章表明你不能夠寫，而不是你不願意寫。你沒有這方面的愛好證明你沒有這方面的才幹。這就是你的理論體系——一個多麼完整的理論體系啊！但如果你這個理論體系能為大眾普遍接受的話，它將會產生多大的負作用啊。」

確實，一心想擁有某種東西，卻害怕或不敢或不願意付出相應的勞動，這是懦夫的表現，無論多麼美好的東西，人們只有付出相應的工作和汗水，才能懂得這美好的東西是多麼地得來不易，因而愈加珍惜它，人們才能從這種「擁有」中享受到快樂和幸福，這是一條萬古不變的原則。

即使是一份悠閒，如果不是透過自己的努力而得來的，這份悠閒也就並不甜美。不是用自己工作和汗水換來的東西，你就沒有為它付出代價，你就不配享用它。一個無所事事的人，不管他是多麼和藹可親、多麼好的人，不管他的名聲如何響亮，他過去不可能、現在也不可能、將來也不可能得到真正的幸福。

「生活就是工作，工作就是生活。」熱愛自己的工作、尊重工作是保持良好品德的前提條件，只有熱愛工作、盡職盡責，才能擺脫由於沉溺於自私自利之中而帶來的無數煩惱和憂愁。

或許有人認為躲在自己的小天地裡，兩耳不聞窗外事就能避免煩惱和不幸。許多人都已經這樣試過，但結果總是一樣。無論是誰，他既不可能躲避煩惱和憂愁，也不可能避開辛苦的工作，工作和煩惱乃是人類無法逃避的命運之神。那些盡力躲避煩惱的人，煩惱卻總是找上門來，憂愁也總是光顧他們。

有些懶惰的人總想做些輕鬆的、簡單的事情，但大自然是公平的，這些「輕鬆的」、「簡單的」事情對於懶惰者而言也會變得很困難、很艱難。即使從最庸俗的意義上講，適當從事有益的工作也是有必要的。

不工作就不應該享受工作所帶來的快樂。

「我們睡得相當酣甜，」斯科特先生說，「當我們被雇用的時候，我們也感到很幸福、很快樂；適當的休息、必要的休閒這都是人人所希望的，但這一份清閒必須是透過自己的努力學習和辛苦工作贏來的才具有意義，才會使人享受到工作之餘的樂趣。也只有這樣活著，我們的生活才會充滿著無限的幸福感。」

戰勝無聊和苦悶的最好辦法就是勤奮地工作、滿懷信心地工作，一個人一旦努力的工作，快樂自然就會來到你的身邊，無聊和單調的感覺就會逃之夭夭。勤奮地工作、愉快地工作是高效能的人的必備素質。

行動吧！奮起吧！穩健行事，不要徒然糟蹋你的時光……不論你身處何地，拿出一番作為來行動吧！——希歐多爾·羅斯福

無功不受祿

戴爾．卡耐基說：「僅僅『喜愛』自己的公司和行業是遠遠不夠的，必須每天的每一分鐘都沉迷於此。」

布隆伯格正是奉行了這一原則而出人頭地的。從布隆伯格被所羅門公司錄用的那一刻起，他就認為自己是一個「所羅門」人了。許多大公司貪求與眾不同的門第、風格、語音和常春藤聯校的教育背景，而所羅門更看重業績，鼓勵實幹，容忍異議，對博士生和中學輟學生一視同仁，布隆伯格感到很適應，他覺得那是他的地方。

那時的職員都接受雇主的保護，這是因為，在那時的華爾街，重要的是組織而不是個人。他們從來不用第一人稱單數。但是，布隆伯格在開始的時候認為：如果你能進入一個投資銀行公司——對不是創始家族的繼承人來說，可不是一件容易事，你會把它看成是終生的職業。你會一直從事這份工作，最終成為一名合夥人，然後在年紀很大時死在一次商務會議當中。

你可能不喜歡所有的合作者或是合夥人，但成功「既是大家的，又是自己的」。他們的成功有助於鞏固你的成功；你的業績也支援了他們。

查爾斯．達爾文已經告訴我們將發生什麼：像大自然要求的那樣適者生存，但是許多優秀的和有價值的生物在此過程中消失了。

布隆伯格感到非常的遺憾。布隆伯格每天早上上班，除了老闆比利．所羅門，他比其他人都早到。

如果比利要借個火或是聊聊體育，因為只有布隆伯格在交易室，所以比利就跟他聊。布隆伯格二十六歲時成了合夥人的好朋友。除了高級主管約翰．古弗蘭德，布隆伯格常是最晚下班的。

如果約翰需要有人打個電話給大客戶們，或是聽他抱怨那些已經回家的人，只有布隆伯格在他身邊。

布隆伯格可以不花錢搭他的車回家，他可是公司裡的第二號人物。布隆伯格意識到：「使我自己無所不在並不是個苦差事——我喜歡這麼做。當然了，跟那些掌權的人保持一種親密的工作關係也不大可能有損我的事業。我從來不理解為什麼其他人不這麼做——使公司離不開他。」

你永遠不可能完全控制你身在何處。你不能選擇開始事業時的優勢，你當然更不能選擇你的基因、你的頭腦。但是你卻能控制自己工作的勤奮程度。你工作得越多，你做得就越好，就是那麼簡單。

當然，布隆伯格並沒有因為工作而影響了自己的正常生活。他說：「我不記得曾因工作太多或我太專注工作而耽誤了晚上或週末的娛樂活動。我跟所有女孩們約會。我去滑雪、跑步和參加聚會比別人都多。我只是保證十二個小時投入工作，另外十二個小時去娛樂——每天都是如此安排。我努力得越多，我就擁有越多的生活。」

無論你的想法是什麼，你必須為實現它而付出得比其他人更多——如果你把工作安排成一種樂趣，它就會是一件比較容易的事。

既然多付出總能取得更大成就，反過來你也會有更多樂趣，然後你就會因為得到了獎勵而想做更多，就這樣不停的循環下去。

布隆伯格說：「我熱愛我的工作並投入大量時間，這有助於我的成功。我真的為那些不喜歡自己工作的人感到惋惜。他們在工作中掙扎，這麼不快活，到最後業績很不好，這樣他們就更憎惡他們的職業。」

在這短短的一生中有太多令人愉快的事情去做，獎賞幾乎都是屬於那些比別人做得多的人。你投入的時間是決定你未來的唯一最重要的而又可控制的變數。你可以盡力打破規則，買樂透中大獎，但這個機率實在太小。

你投入時間並不能保證你就會成功，但如果你不投入，其結果是可想而知。

「快樂」不是因為擁有金錢；它是來自於完成工作的樂趣，來自於付出努力後的激動。

——羅斯福

爲理想付出努力

人們常常驚訝於藝術家的創造性的才能，愛用「天才」和「靈感」這樣的術語，去解釋作家的智力。其實，作家的內省智慧，雖然與觀察、記憶、想像、美感能力有關，但是，影響作家成功的條件，並非都是智力作用的結果。

布封有句名言：「天才即耐心。」

高爾基說：「天才就是工作。」

歌德說：「天才所要求的最先和最後的東西，都是對真理的熱愛。」

海涅說：「人們在那兒高談闊論著天才和靈感之類的東西，而我卻像首飾工匠打鏈那樣地精心地工作著，把一個個小環非常合適地聯結起來。」

顯然耐心努力的工作，對工作的堅持性，都在實踐中促進了藝術家智力的發展。可見，在研究成功者的智慧結構的時候，不能忽略其非智力因素。非智力因素，又叫人格因素，俗話說：「勤能補拙」。勤奮學習，堅持不懈，愚笨的人也可以變得聰明起來。

學者統計過世界上五十三名學者（包括科學家、發明家、理論家）和四十七名藝術家（包括詩人、文學家、畫家）的傳記，發現他們除了本人聰慧以外，還有以下共同的人格特質：

一、勤奮好學，不知疲倦地工作。

二、為實現理想，勇於克服各種困難。

三、堅信自己的事業一定會成功。

四、有進取心，對工作有高度的責任感。

可見，在文藝和科學上卓有成就的人，並非都是智力優越者。這與其個人主觀上在艱苦奮鬥、克服困難是分不開的。

丹麥童話作家安徒生家道貧寒。他曾想當演員，不過劇團經理嫌他太瘦；他又去拜訪一位舞蹈家，結果被奚落一番後給轟了出來。他流浪街頭，以頑強的毅力刻苦學習，終於成為世界著名的童話作家。

高爾基的童年，也並未表現出某種天才的特質。

他想當演員，報考時，未被看中；他偷偷地學習寫詩，把寫下的一大本詩稿送給柯洛連科審閱，這位作家看了他的詩稿說：「我覺得你的詩很難懂。」高爾基傷心地把稿子燒了。

在以後漫長的流浪生活中，他發憤讀書，不斷累積社會經歷和人生經驗，終於成為文壇的大文豪。

安徒生和高爾基成長的道路說明，人生有極大的「可塑性」。天才成長的非智力因素方面很多，有的表現為社會責任感、理想和志向，順應時代潮流；有的表現為個人心理和人格特徵，如有志氣、有恆心、有毅力、不自卑，在成績面前永不滿足。研究名人的成長道路，可以發現幾乎沒有一個人成功的過程是一帆風順的。

列夫·托爾斯泰寫《復活》，寫了十年，僅開頭的構思就修改了二十餘次。

巴爾扎克開始寫作詩體悲劇《克倫威爾》和十幾篇小說，無人問津，只好放棄文學。他再次拿起筆來是二十九歲以後。他以每日伏案工作十小時以上的驚人毅力，完成一部又一部巨著。

在成功道路中，重要的是對自己的學識、才能、特點有相當程度的自我了解，努力爭取主客觀默然契合。

實踐告訴我們，成功永遠光顧那些為理想付出了心血的實幹家。

對一個人來說，所期望的不是別的，而僅僅是他能全力以赴和獻身於一種美好的事業。

——愛因斯坦

堅持勤奮是一種成功

什麼是工作？李特雷的解釋是：「工作，就是為做事而付出辛勞。」

其實這個定義下得並不完整。為什麼要「付出辛勞」呢？難道人就不能夠輕鬆愉快地工作嗎？

儘管人類所從事的工作形形色色，種類繁多，但是下述幾條準則應為所有的工作人員共同遵守。

一、對於自己的工作應當有所了解

一個人的精力和才智是極其有限的。想要面面俱到者，終將一事無成。

我們十分瞭解那些見異思遷的人，他們一下子覺得：「我能成為一位偉大的音樂家。」一下子認為：「辦企業對我來說易如反掌。」一下子又說：「我若涉足政界，準能一舉成功。」請相信，這種人終將永遠只是音樂的業餘愛好者，破產的工廠主和失敗的政客。

拿破侖說：「戰爭的藝術就是在某一點上集中最大優勢兵力。」生活的藝術則是選擇一個進攻的突破點，且全力以赴。職業的選擇不能聽任自然。初出茅廬者都應該捫心自問：「我合適什麼工作，我具備什麼能力？」如果力所不及，強求也是徒勞。

二、自信才能成功

如果目標已定，那就埋頭苦幹、全力以赴，就像登山者一樣，專心於每一級在冰岩上刨出的階梯，並不抬頭遠望，因為遙遠的山峰會使他心灰意冷；也不俯身向下看，因為萬丈深淵會讓他膽戰心驚。必需堅信總有達到頂峰的一天。

利奧泰元帥到了摩洛哥才發現，這是一個極其混亂的國家，沒有領袖、沒有財力、沒有軍隊。

別人都認為這裡根本無法整頓，但是元帥首先在已占領的城市中著手鞏固自己的權力。他一個城市一個城市地擴展，實行蠶食政策，一步步侵吞。經過長期的努力，分裂局面縮小到最小範圍。

因此說：「收割莊稼的人並不顧盼田野的盡頭。」冒失鬼總以為一切都很簡單，總想一鳴驚人；懶漢總覺得一切都不可能，事情未做，就先退縮。而優秀的工人懂得，只要小心謹慎、按部就班，再大的工程也可完成。

三、製定工作紀律

許多人抱怨生命短暫，然而他們每天珍惜八個小時嗎？

想一想，一個每天只寫兩頁紙的作家，在他漫長生命的終點，也將發現自己完成的作品可以同巴爾扎克、伏爾泰的作品相比。當然不是只差在才華上，也差在數量上。因此，重點之一就是趕跑「浪費者」。

浪費時間的人透過走訪、寫信、打電話浪費時間。對他們施善意、講耐心才是極大的錯誤。我們的任務就是嚴厲地對付他們，因為歡迎他們無異於自盡。

工作紀律要一直延伸到情感紀律。如果我們感情用事，必將無法工作。感情的起伏波動是很自然的事。我們並不要求大家在任何情況下，都將整個身心投入到工作中。

但是，我們必須制定和遵守兩條法規：一是不能讓無謂的、過分的感情衝動影響我們的工作。二是為值得做出犧牲的某些事業而犧牲一切。

尋求真理的努力所付出的代價，總是比不擔風險地占有它要高昂得多。

——萊辛

知識是行動的依據

托馬斯．傑弗遜是美國第三屆總統。他也許不如喬治．華盛頓和亞伯拉罕．林肯那樣著名，但許多人至少還記得是他起草了「獨立宣言」。雖然傑弗遜是二百多年前的人物，但從他身上我們仍可學到許多東西。

一七四三年，傑弗遜出生在一個富裕的家庭。父親是軍隊裡的一名上將，母親是出身於名門世家。不論是從出身還是從受教育情況來看，他都屬於社會的最高階層。在當時貴族人士除了發號施令之外，很少與平民百姓交談。但傑弗遜卻不管那一套，他和園丁、傭人、服務生們交談。他認為能使人輕鬆、愉快地和你作開誠佈公的交談是一種真正的藝術。

傑弗遜有一次對法國偉人拉法葉特說：「你必須像我一樣到民眾家裡去走一走，看一看他們的菜碗，嚐一嚐他們吃的麵包。只要你這樣做了的話，你就會瞭解到民眾不滿的原因，並會懂得正在醞釀著的法國革命的意義了。」

傑弗遜最著名的名言之一就是：「每個人都是你的老師。」

如今，我們四周處處都有一些值得一學的人。傑弗遜向每個人學習的習慣是很值得提倡的。他的勇氣和理想主義是建築在知識之上的。在他那個時代裡，他知道得幾乎比任何人都多。他的興趣之廣，幾乎和倫納德．大維西一樣驚人。跟據記載，他三十歲時就能夠解釋太陽和星球的運動，並能繪製房屋設計圖，訓練馬匹、拉小提琴。

傑弗遜有著無窮的潛力和精力，他創造發明過東西，寫過書，發表新的見解。他還是一位農業專家、一位考古學家和一位醫學家。他試驗作物的輪種法和土地肥沃保護法要比在社會上正式推行早了整整一個世紀。

他還發明了一架比當時所有其他的犁更先進、更完善的犁。他影響了整個美國的建築業。他經常製造出一些簡化人們日常生活的設備。人們至今仍依賴他發明的許多小機械，如一架謄寫重要文件的機器、一個指示室內和戶外氣候的儀器、一張圓轉桌和許多其他東西。

一七九六年，傑弗遜成了美國哲學界的領袖，這有助於創立注重自由和進步的美國哲學派。這一派裡包括了好幾位偉人：一位是湯姆斯·潘恩——一位著名的作家；另一位是班傑明·拉什博士，他對心理學做出了傑出的貢獻。還有一位是發現氧的約瑟色·普里斯特利。他們這些人一致公推傑弗遜為他們的首領，因為他對他們研究的範圍無不知曉。

傑弗遜著重「把知識作為行動的依據」而這一準則是正確的。傑弗遜身長有七英尺多高，精悍強壯。一位作家這樣描寫道：「他的衣服好像是太小了，他隨隨便便地坐在他朋友中間；他的臉很開朗，整個形象是一副鬆散隨便的樣子。他的講演有點雜亂無章，詞句不加組織。他走到那裡，就把這種不拘禮節的作風帶到那裡。」

這位表面上看上去丟三落四的哲學家，實際上過著一種很有節奏的生活。他黎明起床，在早飯前通常寫點文章或看書。早飯後再看上一個小時。工作一天後，他總是要開夜車看拉丁文、希臘文、法文、西班牙文、義大利文和古英語作品。在所有看過的書上，他都仔細地加上注釋。在傑弗遜所有的才能中，有一樣是主要的，即他比任何孜孜不倦的優秀作家都更為出色。他的全著共有五十多卷，現都已出版。

一七七六年在費城需要起草「獨立宣言」時，他的寫作才賦很快就被發現，他擔負起起草「獨立宣言」這一重任。千百萬人一直為他的話振奮。同年，他應邀回到他的家鄉佛吉尼亞州。佛吉尼亞州政府當時準備建立起州憲法，起草州憲法的責任落到了傑弗遜身上。

美國憲法寫成時，他正在法國。但正是由於他後來堅持把民權法案加進憲法，進而保障了宗教信仰、言論、出版的自由；保證了陪審團制度的建立以及其他民主制度的建立。

美國的教育成就在很大程度上歸功於傑弗遜，他堅信一個民族只有在人民受到良好教育的情況下，才能保持自由。傑弗遜死於一八二六年七月四日，正好是在美國獨立五十周年紀念日。他對美國人民提供了一筆豐富的思想和典範的遺產。

求知的目的不是為了吹噓炫耀，而應該是為了尋找真理，啟迪智慧。
——培根

才氣就是長期的堅持不懈

一天，莫泊桑在中學老師路易・布耶的引薦下，表達了想拜福樓拜為師的願望。「拜我為師？」福樓拜握著年輕人的手，笑著說：「您不是已經有布耶先生這樣好的老師了嗎？」

「是的，福樓拜先生，」莫泊桑靦腆地說：「我希望您在文學方面指點我。」福樓拜點點頭說：「拜師的事慢慢再說，就讓我和布耶先生一起幫助你吧。」

布耶為什麼要把莫泊桑介紹給福樓拜呢?原來，布耶在學校裡發現莫泊桑經常寫詩，便把他的練習本拿去翻閱。

練習本上有這樣幾句詩：「人的生命，有如船在海上駛過的水痕，慢慢地遠，慢慢地淡。」這幾句詩多少表現了消極情緒，但有詩意，文句也很優美。布耶覺得他有寫詩的才能，便不斷引導他、啟發他。

為了更好地培養他，布耶決定讓福樓拜來幫助他。正巧莫泊桑的舅父也是福樓拜的朋友，因此莫泊桑萌發了拜福樓拜為師的心念。就這樣，他隨同布耶來拜訪福樓拜。從此，莫泊桑受到兩位老師的指點。

中學畢業後，莫泊桑正式以福樓拜為自己文學上的導師。他時常帶著自己寫的詩歌、劇本、小說等，請福樓拜指正。福樓拜也不厭其煩地給他指點。有一天，福樓拜看了莫泊桑的幾首詩，嚴肅地對他說：「我不知道你有沒有才氣。在你帶給我的作品裡面，表現出你的某些聰明。但是年輕人，你永遠不要忘記法國博物學家布封的話：『才氣就是長期的堅持不懈』，你好好努力吧。」

的確，莫泊桑對自己究竟有沒有才氣也很疑慮。他老是在納悶：送了那麼多的作品給老師看，可是老師總認為不行，勸自己不要拿出去發表，甚至說應該燒掉。這該怎麼辦呢？但他相信老師的教誨，還是堅持不懈地寫。

一八八〇年，莫泊桑已經三十歲了，可是他在文壇上還是默默無聞。這一年，他寫了篇題為《羊脂球》的短篇小說，並把它送給福樓拜請求指點。福樓拜讀完這篇小說後，興高采烈地向他的學生祝賀說：「這篇小說寫得太好了，說明你的作品已經成熟了，完全可以見世面了！」

不久，《羊脂球》正式發表。這篇小說一問世，就震撼了法國文壇，使莫泊桑一舉成名。人們爭相傳頌莫泊桑的名字，但他們哪裡知道，這部作品是他長期頑強訓練的結果，其中還凝結著他老師福樓拜的心血。

如果你年輕時沒有學會思考，那就永遠學不會思考。

——愛迪生

知識，是行動的依據

當巴斯德牽著一頭騾子，朝著阿爾卑斯山出發時，他將所有的譏笑都甩到身後了。

巴斯德是法國人，一個微生物學家。他要做的事情在常人看來是可笑的，而在他看來，卻彷彿是上帝的召喚。

他要攀登四千多米的高峰，要經歷危險的冰河地帶，還有可能遇到要命的雪崩，而他要回答的卻僅僅是這樣一個問題：「夏天，為什麼肉會臭，飯會餿？」所有的聰明人都會暗自發笑認為：肉臭了，飯餿了，倒掉就是了，何必拿自己的性命去換一個毫無意義的答案！巴斯德也笑了：把餿飯和臭肉倒掉而不問一個為什麼，那麼，要科學家幹什麼？

一八六〇年九月二十日這一天，他走到了阿爾卑斯山的山腳。他取出科學實驗筆記本，記下這個日子，然後，從騾子馱著的行李中，取出二十個瓶子。所有的瓶子都經過了嚴格消毒，內裝無菌微生物培養液，已抽成真空密封。他剛要打開瓶子，突然想到這樣打開瓶子，自己呼出的空氣有可能進入瓶子，便把瓶子高高地舉過頭頂，再小心地打開瓶塞，裝上一點空氣，馬上又把瓶子密封起來。這樣循環反覆二十次後，他牽著騾子繼續向山上前進。

除了呼嘯的山風，周圍沒有任何人看到他這可笑的舉動。而巴斯德本人，卻為自己發明的這種實驗方法感到驕傲。

為了回答飯為什麼會餿、肉為什麼會臭的問題，他已經和法國魯昂博物館館長普沙爭論了六年。普沙堅定地相信：即使在隔絕空氣的條件下，肉、飯也會自然而然地發臭、變餿。但巴斯德卻認為：肉飯的發臭和變餿，是因為受到了空氣中的微生物感染。

六年來，他們兩人為此爭論不休，直到巴斯德想到了現在的實驗方法。

「我們不必再爭論了，」巴斯德對普沙說，「再過一個月，我會拿出一個真憑實據給你看！」說完，巴斯德就朝著阿爾卑斯山頂出發了。

在用實驗證明自己的理論之前，巴斯德並不能肯定自己一定是正確的，而要證明自己的理論是正確或者是錯誤的，他就得冒一次生命危險。

巴斯德就這樣朝著頂峰攀登著，扛著一根木棍，跟在騾子後面。每登五百米，就取出二十個瓶子，舉過頭頂，打開瓶塞，裝入空氣。當他第十回、第二百次做過同樣的動作後，他發現，他終於登上了白朗峰頂。

他看到了那塊標誌著山峰高度的碑石：海拔四千八百〇七米。當時，他的雙手正高高舉過頭頂，拔下最後一個木塞。他忽然感到一種異樣的激動，一下子癱坐在山頂上。他的腳下已是海拔近五公里的冰川。此時他已感到呼吸艱難，加上旅途奔波的疲勞，生理機能已被破壞了。他知道，今天，他不可能回到山下了。天黑了，他在冰川上搭起了簡易帳篷。

巴斯德隨身帶的汽燈在帳篷裡發出太陽般的光輝。他迫不及待地取出顯微鏡，觀察著他的實驗結果：在山腳下揭開瓶蓋的二十只瓶子，有八只瓶子裡出現微生物；在半山腰揭開瓶蓋的二十只瓶子，有五只瓶子裡出現微生物。在山頂上揭開瓶蓋的二十只瓶子，只有一只瓶子裡出現微生物。山腳下的空氣裡飄浮的微生物多，山頂上空氣潔淨，所以微生物少。

這次實驗證明，微生物就像植物一樣，沒有「種子」不會自然產生。巴斯德的觀點是正確的。他走出帳篷，在山頂的夜空下長長舒了一口氣。

在人生的旅途中，時常會遇到一個路牌，上面寫「此路不通」，這時，許多人會選擇退回，或另尋它途，只有那些抱定信念繼續朝前走的人，才有可能贏得輝煌的人生。

苦和甜來自外界，堅強則來自內心，來自一個人的自我努力。

——愛因斯坦

開拓自己的人生

日本著名科學家系川英夫所著《一位開拓者的思考》一書，對開拓型人材應具備的一些什麼條件進行了深入研究。系川英夫說，所謂開拓型人材，就是指那些「超越時代的不凡之輩」，這種人「無論處於什麼環境，都能依照自己的設想去開拓人生」。具體表現在以下幾個方面：

一、現在就是機會

在競爭如此激烈的今天，時間比金錢還珍貴，但時間又稍縱即逝。開拓型人材的首要特徵就是能夠緊緊地抓住「現在」，奮發作為。常常有人這樣歎息：

「哎，書到用時方恨少，過去我太散漫了。」

「要是在學生時代好好學習就好了。」

「算了，當一天和尚撞一天鐘吧！」

系川英夫認為，這完全是一種自暴自棄的行為。一個有志於開拓人生的人絕不會如此枉自歎息。他寫道：「在獲取資訊和汲取知識方面，應該有這樣一個信念：即『現在就是機會』。」

這就是說，在人的一生中，任何時候都可以再學習，感到需要時，就是學習的好機會。如果只是一味地歎息過去，或者總想著來日方長，那都會錯過良機。機不可失、時不再來，開拓型人材必然會珍惜時間、珍惜眼前的分分秒秒，現在就是機會，一切從頭開始！

記住「現在就是機會」，關鍵是要有效地利用時間，尤其是珍惜每一片零碎時間。能否充分利用這些時間，將給人們的思想和生活帶來很大差異。

系川英夫說：「要想使自己產生新思想，最需要的還是時間。因此，我們應當最大限度地充分利用現在的時間。」

二、目光注視未來

世界是變化無窮的，任何事物無不如此。正因為這樣，開拓型人才不僅要緊緊地抓住現在，並且要能夠發現新事物的萌芽，超越時代、預測未來。

因循守舊的人，故步自封的人，他的目光不是頻頻地回顧過去、就是停留在眼前。

而富於開拓型的人，儘管他在必要時也要回顧一下昨天，儘管他的雙手正忙於今天的事務，但是，重要的是，他的目光一直注視著明天、注視著未來、注視著那些可能導致日後欣欣向榮的新事物上，它們才是未來的象徵。開拓型人才正是要到那裡去盡力開拓，創造新的世界。

怎樣才能準確地預測未來呢？系川英夫打了一個啟發性的比方，他說，「要預測一座森林的未來，就應到森林中走一走，如果沒有任何新生樹苗，那麼就可做出推斷，過不了多少年，這座森林就將成為一片荒漠。」談到這裡，系川英夫寫道：「同樣道理，我們應當在現實社會的種種現象中，及時注意新事物的萌芽，並且要善於分清哪些事物能夠欣欣向榮、蓬勃壯大，而哪些事物則不具備旺盛的生命力。這樣一來，一幅未來社會的圖像就將清晰地展現在我們的面前。」

三、建立多方的人際關係

開拓型人才必須能夠產生前所未有的、飛躍的新思想。但是，怎樣才能得到新思想呢？系川英夫認為，很重要的一點就是要擺脫縱型社會，建立多渠道的人際關係。

人們常常有這樣的感覺，如果同部門的人在一起，就覺得無所顧慮，而如果與不相識的人在一起，不是膽怯就是不自在。人們尤其有這樣的體驗：如果和見解一致的人相處在一起，就會感到很愉快，而如果與意見不一致的人接觸時，就容易產生不愉快感。這種情況在現實中是不勝枚舉的。

把自己的交往僅僅侷限於熟悉的或意見一致的人群之中，系川英夫把這種人稱之為生活在「縱型社會」的人。

縱型社會給人們造成的最大缺陷就是訊息量有限而又相同。系川英夫認為，開拓型人材為了獲得更多更有價值的資訊，就必須跳出縱型社會的小圈子，力求與人們的關係多元化。

如果人們滿足於生活在這種縱型社會之中，那麼，由於話題有限，見解相似，就很難產生別有見地的新想法，換句話說，這種被限定的人際關係已經成為新思想產生的桎梏。實際上，擁有最好的知識和資訊的人是跟自己不同類型的人交往而產生火花。因此，系川英夫寫道：「與人交談，首先需要和與自己意見不同的人交談。與自己持不同意見的人，正是與自己的想法相異的人。從資訊的角度看，跟這種人接觸，能得到不同的啟示，進而產生未想到過的新點子。」

真正可貴的朋友應當是那些與自己意見不同、想法不同的人，是那些把意見擺在桌面上的人。

你應當去找那些職業與你不同的人、專業不同的人、個性與你不同的人、性別不同的人、年齡與你相差較大的人。

四、在危機之後尋找轉機

在人的一生中，各種災難常常會不期而至，諸如身體不好、家庭矛盾、人事糾紛、工作不順各式各樣的打擊等等，這些災難會使人陷入種種意想不到的逆境之中。面對這種情況，人們往往會不知所措，因而或是從此一蹶不振，消沉頹廢，或是莽撞行事，或是狼狽不堪。其實，這都無濟於事，只能導致事態進一步惡化，最終造成無可挽回的局面。

富於開拓型的人絕不會這樣，他會暫時退避，積蓄能量，以圖伺機奮起。系川英夫寫道：「所有生物都遵循著逆境之中求進取的規律。陷入逆境後就得極力擺脫逆境，因而總是動動腦筋，想想辦法，這就是進步。奉勸大家一定要記住：危機之後，機會就在眼前。」

為了在新的機會中奮起，怎樣積蓄能量呢？系川英夫講了一個極富哲理性的比方：欲浮故沉。他說，人們乘船時，假如船翻了，人都掉進了水裡，怎麼辦？往往許多人會驚慌失措，在水裡拚命掙扎，這樣身體很快就會被緊緊吸入船底，以至於窒息死亡。有的人就不這樣，他借著一股勁一沉到底，然後再使勁一蹬腳，人立即就能浮出水面，當人的身體順著水流移動時，船身也始終在順流移動。這樣一來，人就不至於被吸在船底下，而會在船旁浮出水面來。人生所處的逆境，猶如翻船一樣。因此，遇到這種情況，應當採取落水時的應急方法：下定決心，把身體蜷縮起來，一沉到底，然後再用力蹬出水面。

系川英夫寫道：「這種方法實際上也是很符合科學道理的。蜷縮身體就像壓縮彈簧一樣，是在積蓄大量能量。人身處逆境時，如硬要違背客觀規律，結果只能加劇事態的惡化。逆境之中最關鍵的是『順應所處環境並充分積蓄力量』，而蜷縮身體正是積蓄力量的前提。」系川英夫還寫道：「養尊處優的環境是產生不了新思想的，甚至可以說，處於優越環境的人往往會日趨墮落。險惡的環境，需要人去頑強抗爭的環境，對產生新思想發揮很大的促進作用。險惡的環境正是使人鍛鍊成長的最大動力。」

五、不要姑息自己

任何人都難免有這樣或那樣的缺點和不足。作為一個開拓型人才，他之所以不同於一般人，其顯著特點之一就是毫不掩飾自己的缺點，這也是開拓型人才能得以發揮其創造性的要點。系川英夫曾主張說，孩子們做作業最好不要使用橡皮擦。因為有了橡皮擦，每當作業出錯時，他們立即就會用橡皮擦拭去。由於錯誤給抹去了，同樣的錯誤今後還會反覆出現。而如果不讓孩子使用橡皮擦，每當出錯時，就在上面畫一個「×」，這樣一來，孩子們一翻開作業本，就會看到「錯誤的記錄」，就能避免再犯同樣的錯誤。

這個道理同樣適用於每一個人。然而，一般人往往只注意別人的缺點，對自己的缺點和不足則視而不見，總想方設法掩飾。對此，系川英夫寫道：「這實際上是在姑息自己。如果總是掩蓋缺點而不加以克服，就永遠不能棄舊迎新，也將無益於發揮創造性。」

作為開拓型人才，要具有靈活的思想。而要產生靈活的思想，就應當毫不掩飾自己的缺點。無論是誰，發現了自己的缺點和不足，就應努力加以改進。只有正視缺點，盡力彌補不足，才能產生靈活的思想，發揮自己的創造性。」

六、擺脫慣例和固有觀念的束縛

我們的世界正朝向個性化的時代發展，因此，它要求人們都將具有自己的富有獨特個性的思維方式和生活方式，要求人們有豐富的想像力和獨創性。在個性化時代，想像力和獨創性對於開拓型人材究竟有什麼重要意義呢？

一九七六年，首次世界芭蕾舞比賽在東京舉行。比賽結果，在古典芭蕾舞比賽中，蘇聯、東歐國家名列前茅；而在創作芭蕾節目比賽中，美國和西歐國家則占上風。在那屆世界芭蕾舞比賽中，日本雖然在古典芭蕾方面具有相當的水平，但在創作芭蕾方面實在太差勁了。原因何在呢？系川英夫認為：「尾隨他人之後順時適勢，緊跟社會潮流，又自我限制行動，以求不越雷池一步；對社會輿論恐懼之至。這種日本社會的傾向使日本很難產生出具有鮮明個性和獨到見解的新作品，換句話說，日本往往受到慣例和固有觀念的束縛。」

系川英夫在對日本芭蕾舞經過一番分析後進一步深刻指出：「……沒有想像力，缺乏獨創性。這一切都與創作芭蕾舞所要求的條件相距甚遠。」因此他強調，「作為開拓型人才，就不能亦步亦趨地踩著前人的足跡走，而是另闢蹊徑，但又不能完全撇開前人的足跡。如果自己的思想老是跟在別人的後面，那就不可能去『轉換思想方法』，而只是『模仿』和『跟隨』別人了……要轉換思想方法，首先必須從這個框框中擺脫出來。」

想像力和獨創性離不開基礎知識。系川英夫最後寫道：「一個新的時期正在到來，新時期要求人們無論做什麼，都必須扎扎實實地把基礎打好。」「你想學打網球，就不能採取隨便玩玩的態度，你需要跟著一位網球教練接受基礎訓練，然後每天不斷的練習。總之，首先要從最基本的知識學起，從球拍的拿法學起。未來的時代正是這樣要求人們的。」

一個人應養成信賴自己的習慣，即使在最危急的時候，也要相信自己的勇敢與毅力。

——拿破侖

6 tips to release emotional stresses

增強自信，認定自我

不管時代的潮流和社會的風尚怎樣，人總可以憑著自己高貴的品質，超脫時代和社會，走自己正確的道路。

——愛因斯坦

不要和他人比

「我」是自己成就的標準，而非他人的對照組。《愛的能力》一書的作者艾倫・弗羅姆認為，「自愛」是一種「最基本的愛」。

下面這則寓言生動地說明了這個道理：

有一天，一個國王獨自到花園裡散步，使他萬分詫異的是，花園裡所有的花草樹木都枯萎了，園中一片荒涼。

後來國王瞭解到，橡樹由於沒有松樹那麼高大挺拔，因此輕生厭世死了；松樹又因自己不能像葡萄那樣結許多果子，也死了；葡萄哀歎自己終日匍匐在架上，不能直立，又不能像桃樹那樣開出美麗可愛的花朵，於是也死了；牽牛花也病倒了，因為它歎息自己沒有紫丁香那樣芬芳；其餘的植物也都垂頭喪氣，無精打采；只有十分細小的心安草茂盛地生長。

國王問道：「小小的心安草啊，別的植物全都枯萎了，為什麼你這小草這麼勇敢樂觀，毫不沮喪呢？」

小草回答說：「國王啊，我一點也不灰心失望，因為我知道，如果國王您想要一棵橡樹，或者一棵松樹、一叢葡萄、一株桃樹、一株牽牛花、一棵紫丁香等等，您就會叫園丁把它們種上，而我知道，您冀望於我的，就是要我安心做小小的心安草。」

這一則寓言告訴人們：生活中的許多煩惱都源於「盲目地和他人比較」，而忘了享受自己的生活。

許多時候，我們感到不滿足和失落，僅僅是因為「自覺他人比我幸運」！如果我們安心享受自己的生活，不和他人比較，在生活中就會減少許多無謂的煩惱。

每個人都是因為愛而被創造的，這種創造是免費而無償的。要接受賦予在個人身上的特質，首先步驟是：「接受現實的自己」，我們必須學會接受在他人身上發現的特質，也要學會接受在自己身上發現的特質。

「全面接受自己」是很重要的觀念，這可使你更安心地對待自己，更具同情心。

每個人都有他的隱藏的精華，和任何別人的精華不同，它使人具有自己的氣味。

——羅曼・羅蘭

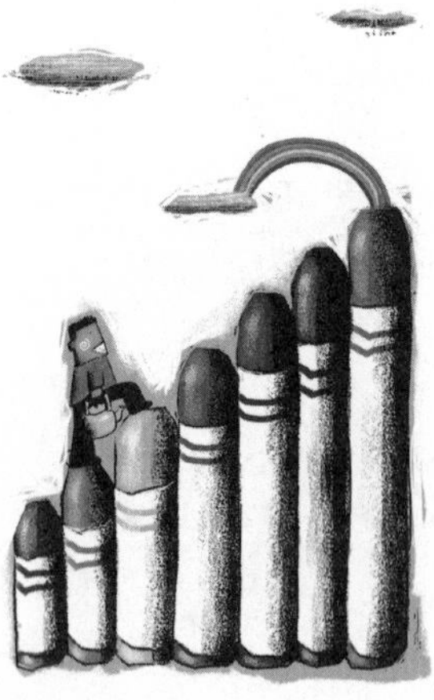

我是獨一無二的

雪花是獨一無二的，沒有任何兩朵雪花具相同樣貌，我們的指紋、聲音也是如此「獨一無二」。每一個人，都會是獨一無二的個體。

儘管我們知道：歷史上從來沒有完全像自己一樣的人存在過，但我們還是習慣於將自己與他人相比。

人們慣常將「他人」作為標準來衡量自己成功與否的依據。你是否常常在報紙上讀到某人取得了偉大的成就，然後很快地就發現他們的年齡超過了我們許多，因此得到了一點暫時的安慰：「我也還是有可能取得同樣的成功的，只是因為自己『年紀未到』，等到和對方年紀一樣時，說不定我也是成功的。」

但是，「將自己的現況與他人成就相比」是毫無意義的一件事，因為你根本不知道他人在生活中的目標與動力以及對方獨一無二的能力。

每個人都有不同的才幹。我們常常誤認「才幹」就是音樂、藝術或智力等方面的天賦，但實際上，我們人人都有容易被忽視的才幹，諸如激情、耐力、幽默、善解人意、交際才能等等，它們是可以幫助我們取得成功的強而有力的工具。

不斷地拿自己與他人相比，只能使你對自我、自信以及你取得成功的能力產生負面影響。

你應該向人請教自己的能力是否得到了充分開發——這個請教的對象，就是「自己」。

心理學家指出：我們對自己的認知、對自己的定位以及我們將要實現的目標，決定著我們在這個世界上各自所處的獨特位置。

科學家認為，人百分之五十的個性與能力來自基因的遺傳，這意味著另外的百分之五十不取決於遺傳，而取決於個人的創造與發展。如果能夠做到這一點，你最希望的變化是什麼?當然，我們必須承認有些事情是我們無論如何積極思維也無法改變的事實，譬如身高、眼睛、膚色等等，但是我們卻可以改變對它們的看法，這是一種優良的品質的認同與提升。

從一定意義上說，你如果認定了自己的獨特之處，你就能成就「獨一無二的自我」。

如果你有一個清晰的自我形象，那麼你便不會給自己貼上任何不屬於你的標籤。不要被你所做的工作、所住的房子、所開的汽車或是所穿的衣服所設限，你更不是這些物質表象的總和。

成功者相信的是自己，他們取得成功的潛力不依賴於地位或身分，而是依賴於他們自身實現目標的信心。

信心使一個人得以征服他相信可以征服的東西。

——肖伯納

要做，不要怕做錯

莎士比亞說：聰明的人永遠不會坐在那裡為他們的損失而悲傷，卻會很高興地去找出辦法來彌補他們的創傷。

如果你做了還覺得不好，改了還感到不快，考了九十九分還嫌不是一百分，那麼，你是在「追求完美」——這樣的生活態度，肯定會讓人累死。

請瞧瞧你手中的富士山蘋果，它們並不處處紅潤；再近一點看看牡丹，它的花瓣上面也可能有一、兩個黑點。

「花無完美、果無完美，何況是人生！」成熟者不會強迫自己做「完美的人」，他們允許自己犯錯誤，並且能採取適度的方式，正確地對待自己的錯誤。

「人有失足，馬有失蹄」，在這個世界上，任誰都難免會犯錯誤。人要想不犯錯誤，除非他什麼事也不做，而這樣「少做少錯」的舉動恰好是他最大的錯誤。

「反省」是一種美德。對自己做錯了的事，知道悔悟和責備自己，這是自我成長的原動力；若是「不懂得反省」，不會知道自己的缺點和過失，不悔悟就無從改進。

但是，這種因悔悟而對自己的責備應該適可而止。在你已經知錯、決定下次不再犯的時候，就是停止後悔的最好時機。

接著你就應該擺脫這種悔恨的糾纏，使自己有心情去做其他的事。如果一直無法擺脫悔恨的心情，而不停地苛責自己、懊惱不止，那就是一種病態的自我苛責，或可能形成自閉的心理狀態了。你不能讓這種自閉的心情持續，因為「自悶」是病態的折磨。

當你意識自己已經處於過分悔恨與自責的時候，要相信自己能夠控制自己：「趕快停止對自己的苛責，因為這是一種惡性循環。」

為避免病態加深，要儘量使自己擺脫它的困擾。這種自我控制的力量是否能夠發揮，決定於一個人的精神是否健全。

每個人都有缺點，這是為什麼我們要受教育和不斷學習的原因。教育使我們有能力認識自己的缺點並加以改正，這就是進步。

在知道隨時發現自己的缺點並隨時改正的同時，要學會建立自己的自信，相信自己的能力。

人人都可能做錯事。做了錯事而不知悔改，那是愚者；知道悔改，即為智者。所謂「放下屠刀，立地成佛」，過去的既已無可挽回，那麼只有以後堅決行善，才可以補償過失。

從事一項事情，先要決定志向，志向決定之後就要全力以赴毫不猶豫地去實行。

——佛蘭克林

放下內心的包袱

既然選擇扛起包袱，你就得找到目的地後，放下包袱。

身軀的重負導致疲勞，稱作「累」。隨著現代科技的發展和現代人際關係的繁複，生理上的重負逐漸減弱，心理的重負卻逐漸增強，且煩惱對心理的壓迫比重負對軀體的壓迫越來越重。

「心理煩惱」加上「生理疲勞」，構成了現代人普遍的心態——活得很累。

上天給我們每一個人同樣的日子、同樣的時間，你為什麼感到特別累呢？也許主要是因為處世無方或者不懂得用適當的方法去化解。你不妨用下面的方法來消化自身的疲勞。

一、學會化解緊張的良策

「緊張」是快節奏時代的顯著特點，善於化解緊張是每個現代人要具備的能力。譬如，如果你工作表現不良而緊張，你應提高自己的能力；如果你收入不如他人而怨天憂人，你應調整自己的心態：

㈠如果你因工作緊張，請不要煩躁，不要忙亂，首先分出百分之八十的次要工作和百分之二十的主要工作，請先做好那百分之二十關鍵作用的工作。在減少了壓力的情況下，百分之八十的工作也會迎刃而解。

其次，改善你的工作環境，調適你的情緒。讓緊張在愉快之中化解，以工作效率促進工作品質。有了效率又有品質，即使工作時是艱苦繁重，也會感到輕鬆。

㈡如果你因時間緊張，那麼，金錢可以節省時間：乘車代步可以爭得時間，學習可以縮短時間，超前安排可以贏得時間——時間可以永遠是你的奴婢。

㈢如果你因金錢緊張，那麼請晚幾天購買剛上市的蔬菜（這並不會少了鮮度）；延後一個月買當季的服裝（這並不影響你的風采）；延後一年購買化妝品（這並不改變你的相貌）。粗製品並不比精製品少了營養，首飾並不是人的必需，名牌並不反映個人的價值，這些都是消費行為中誘惑你手中金錢的扒手。成熟的人絕不會為了面子而「裝闊」。

二、不必對週圍的人過多分析

許多瑣事你想了三天，往往不如一秒鐘的直覺判斷。「分析」雖然使你剔除了一些假的東西，但也讓你懷疑一些真的東西。

分析的依據常是往事，而往事與現今總是不可同日而語的，用這種思維對待周圍人的言行雖然讓你清醒和深入，但也很難避免隨同感情和心態而升降。沒有一種分析能不帶有好惡和主觀的，它可能使你陷入更深的偏見。古人告誡：「言多必失」，其實，更多的是「想多必失」。

三、不必過分注意他人的臉色

我們並不可能讓每一個人都高興，對方的臉色不好，也許只是他的一種病態，也許他的不悅並不是對你而來，也許你以為人家是做給你看，但全是誤會。你為什麼將命運的一半交給他來掌控呢？

你必須在意的不是他人的臉色，而是自己的臉色，唯有如此，你才願意盡力討好自己，讓自己生活得更快樂。

我們如果一隻眼睛注意著工作，另一隻眼睛在注意他人的臉色，是活不出光明未來的。一定要記住：成熟的人不會注重他人的顏色，而是專心做自己的事業。

聰明人對自己的弱點瞭若指掌，不認為自己一貫正確；見多識廣的人最清楚自己孤陋寡聞。

——傑弗遜

用行動增強自信

沒有行動的人，宛如只會思考的盲人，前途永遠是一片黑暗。為使你的夢想存活，消除他人對你的消極影響，所能採取的最重要步驟就是「增強信念」，以下可以採取一些具體的行動來加強個人的信念：

一、目標確定之後，立即行動

你也許會懷疑「採取行動」和「加強信念」之間的聯繫。其實，你的行動反映了你的信念，而且正是所做的事情表明了自己的信仰，哪怕僅僅是採取微小的步驟，你也是在與你自己和外部世界溝通，這表明你已經相信自己和自己的夢想。

在剛開始行動的時候，你或許感覺到自己不是很勇敢，也不是很自信。然而，只要你連續不斷地努力，你所深信「必將成功」的感覺會讓你變得更有自信，它將深入你的靈魂深處。每次行動也會增加你的自尊心和自信心。你再也不會等著奇蹟發生。你本身就是奇蹟的創造者，隨著你自尊心的增強，你就會意識到自己的夢想是可能實現的。

拿破崙・希爾指出：「如果人們能夠看到他們成為了他們想像中希望變成的人，並像想像中的人那樣做事，很快的，他們就不僅僅是個扮演者，而是將會真正地成為他們想成為的人。如果你想成為一個出類拔萃的人，那麼向全世界的人表明你相信你自己，讓自己自信地去做事，堅信自己的所作所為。」

二、客觀評價、發掘自己的潛力

《鑽石寶地》一書的作者拉塞爾・康維爾指出：「普通人只開發了他們潛在智慧的一部分。」也就是說，我們還沒有運用自身全部的能力，我們內心還有巨大的潛力未被開發出來，我們還可以做更多的事情，成為更成功的人——認識到這一點非常重要。一旦你相信「縱使困難橫亙在眼前，我也有辦法跨越」，那麼你就該自主性地激發那些尚未被開發的潛能。

三、將注意力集中在可能事物上

你因一些消極的想法而感到煩惱嗎？關鍵的解決之道是，從一產生這些消極想法你就要摒棄它們。

你也許聽說過「想法就是現實」這句話吧，你一直在思考一件事情，你就能夠成就這件事情。如果你持續不斷地將注意力集中在「要實現的目標是多麼的艱難」上，那麼，你就永遠不會實現它。

你可以把注意力集中在那些可能性上，以此來克服消極的想法。你可以設想一個具有挑戰性的目標，然後對自己說：「我怎麼會想到我能實現我的目標呢？它的規模太大了，要實現它簡直是太困難了，這是不可能的！我在想些什麼呀？」

這些聽起來是不是非常熟悉？也許大多數人都不止一次地和這種自我對話爭論過。想要改變這種狀況，當這些想法產生時，就立即將這些想法替換為下面的對話：「我知道我的目標是可以實現的，因為其他人在此之前就已經做過。我下定決心要讓它得以實現，我願意做必要的一切來實現我內心的想法。」

你感覺到這兩種想法的不同了嗎？如果你長時間地徘徊在第一種想法上，你就有麻煩了。如果採用第二種思維方式，就能立即改變你的思路，將你帶入一個充滿可能性的新世界。當你的心智處於積極狀態時，你將會問一些更有意義的問題：「我怎樣做才能實現我的目標？」、「誰將願意幫助我？」、「有沒有其他的途徑可以使我達到期望的目標呢？」

四、消除恐懼和冒險

「恐懼」是在做出改變時的自然反應。它或許是人們開始做任何新事情時猶豫不決的首要原因，人們也因而傾向於選擇生活中原來的模式——安全、舒適和熟悉的環境。

能夠認識到「每個人在開拓新領域時，都會產生恐懼心理」是非常重要的，因為「恐懼」是我們所有人的一種自然生理反應，它使我們意識到我們需要準備應付或是需要逃避某些事情。

成功的人和不成功的人對待恐懼是有差別的，差別就在於對待恐懼的態度。成功的人承認恐懼，並努力找出產生恐懼的原因，以此決定他們能為前進道路上將要面臨的挑戰做出何種準備。他們決定採取一定的行動，使自己儘量感到充滿競爭力和信心。

為了戰勝恐懼，我們必須深入了解什麼是我們最害怕的。只有找到產生恐懼的根源，冒些風險，我們才能真正建立起自信。一項調查顯示，當問一些年長的市民，對自己過去的生活有什麼遺憾時，絕大多數人的回答是，他們最遺憾的就是：他們一直都沒有去做他們最想做的事情。這說明縈繞在他們心頭的是那些他們沒有冒風險去做的事，而不是他們已經冒過風險所做的事。

所以，不要讓恐懼留給你同樣的遺憾。承認恐懼，做好充分的準備，然後採取行動克服它。

五、預見成功

喬治．伯納德．蕭說：「有些人只看到事情的現狀，並問為什麼。而我看到事情將來可能是什麼樣，並問為什麼不呢？」

當時的人們厭倦了社會中的種種侷限，並急於重新發掘社會潛在的價值，伯納德的話成了當時社會的主旋律。

想像事情將來會是什麼樣子，不僅僅要思考，還要積極地認識它。

當這種想像過程定向了之後，就是眾所周知的「預見」。在你想成就的事業實現之前預見它，這是眾多成功者最多的共通點，他們運用預見的景象點燃他們的熱情，明確他們的目標，增強他們的信念。

譬如，如果你想成為一名成功的演講家，首先就要想像你是站在眾多聽眾的面前，幻想你正在向聚精會神的聽眾們做有說服力的演講，你的聲音是那麼的自信和充滿活力，人們對你的讚許之詞不絕於耳。你彷彿感覺到了聽眾的熱情和對你講話的接受，彷彿聞到了主席臺上的鮮花是那麼的芳香，體驗到了玻璃杯內清涼飲料的涼爽。

要產生這樣清晰而強烈的景象，你需要充分發揮你豐富的想像力。同樣地，當你在向一個目標努力時，完全按照你的想像和期望的那樣，盡可能預見你實現它的每一個細節和幻象。你將自己的預見變得如此的強烈，以至於當你真正實現自己的目標後，你會有這樣一種似曾經歷過的感覺——「難道我以前沒有經歷過此事？」是的，你在想像中已經歷過千遍萬遍了，而每想像一次，這種經歷就向真實靠近了一步。

六、練習「不斷肯定自己」

《信仰的力量》一書的作者路易士·賓斯托克建議我們，「在潛意識裡培養自己重覆正面的肯定。」他認為這是一種培養信念的極好辦法。當你不斷向自己重覆一個肯定後，最後你會開始相信它了。那麼這種肯定的想法，就能轉化為「我相信自己一定可以辦得到」的信念。

七、發現「相信自己」的人

當面對挑戰的時候，即使你得到了態度積極的人們的支持，你也很難始終保持積極的態度。

而當你將夢想與消極的人們聯繫在一起時，則意味著你的夢想注定要死亡。許多成功人士根本沒有時間與消極的、不支援他們的人打交道。

要想把全部消極的人從你的生活中排除出去，是非常困難的。你的父母、生意夥伴、最好的朋友，甚至是你的配偶都有可能給你帶來消極的影響，因為這其中的許多人對你有多年的瞭解，他們可能只會考慮到你以前的經歷，而不是現在的你或是未來的你能成為什麼樣的人。

例如，當你告訴他們你的夢想是有一天要在皇家大劇院演出時，你哥哥就可能想起了你第一次在學校演出中，從舞臺上掉下來的失敗經歷而勸你實際點；當你告訴媽媽，你想開一家裝璜公司時，她立即提醒你十幾歲時，你的壁櫥是如何的一團糟。

但是，有時你可以較為容易地從一個完全陌生的人那裡得到支援。陌生的人對你能做什麼，不能做什麼沒有任何的偏見。每個人都需要有人相信他們，而那些與你關係最為密切的人可能不是最佳的人選，關鍵是，你要找到合適的評論者。

八、從失敗中學習

每件事的發生都是有原因的，而且這些原因最終會為你服務。縱使是失敗的經歷，才可以讓你有反省的機會：「我到底哪一點錯了」、「我是否該更正做法」。你遇到的每一個困境都可能得到同等或更大的收益，而一旦你有了這種信念，你就會情不自禁地從這種經歷中學習，而且還能促使你對未來充滿希望。

九、不盲目服從

任何人做事情都可以先徵求他人的意見，但是最後「做」或者「不做」，還得由自己來決定。

當你有自信的勇氣時，你就做你認為對的事情。成功的管理者大都勇於堅持和引導他們的事業朝著適當而有利的方向發展。他們向他人傳遞自己的信念並據此而行動，哪怕他人不同意。如果你不人云亦云，不盲目服從一切指示，那麼你的奮鬥就可能會更有成效。

馬丁．科爾說：「對於你的夢想能否實現，真正有影響的觀點是你自己的觀點。其他人消極的想法只是反映了他們自身相對於事情的侷限性，而不是你的侷限性。

當一個夢想與你的目標達成一致，激發你的熱情，進而啟發你去計劃、去堅持，直到你能實現它時，這個夢想就不是不能現實的了。相反的，期望有這種動力和信念的人如果不會取得成功，那才是不現實的。」

要使整個人生都過得舒適、愉快，這是不可能的，因此人類必須具備一種能應付逆境的態度。

——羅素

認定自我的道路

找一條屬於自己的人生方向，該如何走？往哪個方向走？你都必須自己安排。如果你的願望十分強烈，你也可以成為百萬富翁、開辦一家公司或成為首相。

事實上，我們自信可以掌握自己的命運，我們每個人都是堅強與軟弱、機會與限制的獨特複合體。即使我們用特定的產品或改變人生哲學，這點也不會發生變化。拒不承認這一事實、認為自己無所不能，這就如履薄冰一樣危險。你的人生際遇也許有機會煥然一新，但你卻無法知道、也不能決定這是否可以實現。

如果你善待自己，那你就不會認為自己無所不能。由於你特有的體能、智識與情感組合，有些道路可能對你是暢通的，有些則注定會讓你失望。

你對自我的認識越準確，你選擇正確道路的可能性就越大。你選擇的道路越正確，你取得更大成功的可能性也就越大。

這並不是說只要你生於佃農家庭就該永遠甘於貧窮，也不是說只要你是一個女人，就命中注定要從事家務。環境及文化條件不過是整幅生活圖畫的一個部分，能對你引起激發作用並決定你個人價值信仰的內部力量，是那些更為有力的個人因素。

擁有主動性、創造力、技能、信仰，你就可以克服令人難以置信的巨大障礙，甚至包括擺脫童年被欺侮的經歷所帶來的陰影。

但是如果你喜歡獨自工作，不適應在較大群體中生活，那麼讓你掌管一個大公司是沒有什麼意義的。如果你擅長於行動力，對富於挑戰性的職業興奮不已，那你可能就不會喜歡長時間生活在一座適於靜思苦想的鄉村宅院裡。

如果你迷戀一些不適合你真實個性的職位、想法，即使表面上你是成功了，但你肯定要感受到衝突的存在。

如果你不能正確認識自我，你取得成功的機會就會減少。在你感到不適應或注意力不集中的時候，你的判斷就會動搖。你可能會分不清積極的風險與消極的風險，可能會缺少解決問題的決斷力。即使你在技術上勝任某一角色，但如果你感到自己無能為力、無責任心，你也發揮不出最佳狀態。

為使自己的發展有延續性，大約每年就做一次全面的個人評價，這是個很好的想法。其中要包括你的身體、知識、感情特徵——優點與缺點，然後列出你為實現個人目標必須具備的特性及實現你職業目標所要求的品質。如果你真實的自我與你希望的自我是一致的，這意味著你的目標是合理的。

正面的思考有極大的力量。當你期望最好的事物時，你便在創造一個思想的磁場，吸引你所冀求的一切，畢竟物以類聚。

——道格拉斯·布拉克

堅持走自己的路

只要你不把命運交付到他人手中，你就有能力依個人意志主宰自己的命運。一個人想要成功必須自信。信心是自己給自己的。當你一味考慮他人意見時，不要忘記要以自我性格為中心。

傑弗里·波蒂洛說：「只要不把你的命運交給他人，你就能決定自己的命運。」記住：只要想贏，你就能贏！

勇於堅持自己的信念並非要與權威人士對抗。如果當上級否定你的計劃或堅持要你按他的想法行事時，你就過分激動，這就顯得你的性格不成熟，而不是有膽有謀了。

「每個人都是一個批評家。」當你追求你的夢想並希望得到幫助的時候，這句話尤其顯得正確，總有許多善意的人希望保護你，使你遠離那些他們認為不現實的幻想。批評家們曾試圖打消很多人的積極性，批評家們說這些人不夠資格；他們的想法是不會成功的；他們的產品是不會有市場的；他們太年輕了；太早了或是太遲了。

對於你的夢想能否實現，真正有影響的觀點是「你自己的觀點」，其他人消極的想法只是反映了他們自身相對於事情的侷限性，而不是你的侷限性。

「人生的成功」自然包含有功成名就的意思，但是，這並不意味著你只有做出了舉世無二的事業，才算得上成功。世界上永遠沒有絕對的第一。

看過馬拉度納踢球的人，還想一身臭汗地在足球隊裡混嗎？

聽過帕華洛帝的歌聲的人，還想學習美聲唱法嗎？

讀過曹雪芹《紅樓夢》的人，還想寫小說嗎？

如果總是擔心自己比不上他人，只想功成名就，那麼世界上也就沒有曹雪芹、帕華洛帝、馬拉度納等人了。

俄國作家契訶夫說得好：「有大狗，也有小狗。小狗不該因為大狗的存在而心慌意亂。所有的狗都應當叫，就讓牠們各自用自己的聲音叫好了。」

「小狗也要大聲叫！」

追求一種充實有益的生活，其本質並不是競爭性的，並不是把「奪取第一」看得高於一切，它只是個人對自我發展、自我完善和美好幸福的生活的追求。

那些每天一早來到公園練武打拳、練健美操、跳交際舞的人，那些只要有空就練習書法繪畫、設計剪裁服裝和唱戲奏樂的人，根本不在意他人對他們姿態和成果品頭論足，也不會因沒人叫好或有人挑剔就停止練習、情緒消沉，他們的主要目的不在於當眾展示、參賽獲獎，而是自得其樂，滿足自己對生活美和藝術美的渴求。

真正成功的人生，不在於成就的大小，而在於你是否努力地去實現自我，喊出屬於自己的聲音，走出屬於自己的道路。

——契訶夫

戰勝「約拿情結」

對自己沒信心嗎？老是覺得自己能力不足嗎？別在付出努力之前就先判自己死罪。

每個人都有能力發展自己，取得更大的成功，不幸的是，人們在開發自己潛能、獲得成功的過程中，常會遇到一種自身的心理障礙，這就是所謂的「約拿情結」。「約拿」是聖經中的人物，上帝給了他機會，他卻退縮了。這是懷疑甚至害怕自己的智力所能達到的水平，是心裡軟弱到甘願「迴避成功」的典型。

迴避成功的心理障礙，主要有意識障礙、意志障礙、情感障礙和個性障礙等。

一、意識障礙

所謂「意識障礙」，是指由於人的思緒歪曲或錯誤地反映了外部現實世界，進而影響以至減弱人自身的辨認能力和反映能力，阻礙著人們對客觀事物的正確認識，進而影響了在事業上的成功。主要表現在以下各方面：

㈠「自卑型」心理障礙：因生理缺陷或心理缺陷即自認為智力水平低，或家庭、社會條件不如他人，而產生的一種缺乏自信，輕視自己，不能進行自我能力開發的一種悲觀感受。

㈡「閉鎖型」心理障礙：不願表現自己，把自我體驗封閉在內心，而不願向他人表現，因而缺乏自我開發的積極性。

㈢「厭倦型」心理障礙：是一種厭惡一切自己不感興趣和無能為力的心理狀態。存在厭倦心理的人，常常抱怨自己「懷才不遇」，悔恨「明珠暗投」，而對自我開發失去興趣的一種心理障礙。

㈣「習慣型」心理障礙：習慣是由於重覆或練習而鞏固，並變成需要的行為方式。習慣的形成一是由於自身養成，一是由於傳統影響。認為不進行自我能力開發也照樣可以過日子，滿足於現狀是前一種，而求穩怕亂則是後一種。

㈤「志向模糊型」心理障礙：是指對將來幹什麼，能成為何種人才的理想不明確，進而沒有定向進取的內驅力，而不能進行自我能力開發的一種心理障礙。

㈥「價值觀念異變型」心理障礙：是指對作用於人的客觀事物的價值量進行了不正確的或者錯誤的心理評估，形成了一種畸形的價值意識，如把工作分為高貴與低賤，最明顯的表現為貶低自己目前所從事的職業，因而不能結合工作開發出自己能力的心理障礙。

二、意志障礙

所謂「意志障礙」，是指人們在自我能力開發中，確定方向、執行決定、實現目標的過程中產生阻礙作用的各種非專注性、非持久性、非自制性等不正常的意志心理狀態，主要表現在以下幾個方面：

㈠「意志暗示型」心理障礙：是指在制定和執行目標時，易受外界社會風潮和他人意向的直接的或間接的影響，而產生的一種動搖不定的意志心理狀態。表現為確定目標時的「朝秦暮楚」，執行決定時的「三天打魚，兩天曬網」。

㈡「意志脆弱型」心理障礙：表現在沒有勇氣去征服實現目標道路上的困難，

不是主動去征服困難，而是被動地改變或放棄自己長期進取的既定目標。

㈢「怯懦型」心理障礙：怯懦是一種懦弱膽小，畏縮不前的心理狀態。這種人過於謹慎，小心翼翼，常多慮，猶豫不決，稍有挫折就退縮，因而影響自我開發目標的完成。

三、情感障礙

所謂「情感障礙」，指人們在能力的自我開發中，對客觀事物所持態度方面的不正確的內心體驗。主要表現為麻木情感，就是引起感情的客觀外界事物的最小刺激量。

麻木情感的產生主要是由於長期遇到各種困難，受到各種打擊，自己又不能正確地對待和加以克服，以致對客觀外界事物的內心體驗的拒絕，形成一種內向封閉性的心理態勢。它使人們喪失與外界交往的生活熱情和對理想及事業的追求。

四、個性障礙

所謂「個性障礙」是指人們在自我開放中常常出現的氣質障礙和性格障礙，如抑鬱質的人易表現孤僻怪戾，不善交際的弱點，有優柔寡斷，缺少魄力的弱點，以及缺乏毅力，或辦事武斷、魯莽等弱點。

五、其他障礙

除了「意識障礙」、「意志障礙」、「情感障礙」和「個性障礙」外，還有影響智力開發的幾種心理障礙，包括感覺中的心理錯覺（如受時間影響的心理錯誤、受需求滿足程度引起的心理錯覺、情緒狀態產生的心理錯覺、以及顏色和視覺方面的偏見），知覺中的錯覺和偏見等，這些障礙主要屬於認識上的主觀片面性、表面性，以及思想僵化凝固等原因。

這些和迴避成功、害怕成功的心理障礙是兩種性質不同的心理障礙，但同樣對人的事業成功有著巨大影響，特別是當這些心理障礙互相影響時，會形成一種強大的負效應，導致一個人的事業的失敗。

很明顯，有些人成就不大，不在於智力不夠，而在於沒有克服自己心理上的弱點和謬見，只有不斷向自己挑戰，認真對待以上心理障礙，才能取得更大的成功。

毅力並非長跑，而是接連不斷的衝刺。

——艾略特

使自己成爲追逐的目標

如果你自認為平庸、無才能、又不夠專業，那麼你也就不必費時準備面試了，將時間花在加強自己的能力上，可能投資報酬率較高。

一、提高自己的價值

現今一般公司為了在競爭中生存，將遣散及裁員視為平常的經營策略。因此，你的相應戰略就應該是提高工作技術水平及增加知識。畢竟，要讓公司不炒你鱿魚的先決條件，就是先要具備真正的雇用價值。

別忘了你是自己最基本的經濟資源。因此，你必須對這項資源多做投資。

㈠瞭解公司及老闆的需求。

㈡看看別的雇主有什麼不同的需求。

㈢學習一些將來必會熱門的技術。
㈣決定你自己想要做什麼。
㈤考慮各種辦法：自己創業、換工作、改行、兼職、彈性工時或是再兼個差，設法增加自己的收入。
㈥發展新技能，讓自己成為有經驗的專家。
㈦利用在職教育機會進修或參與研發計劃。
㈧確定生涯計劃以建立你的開源能力，實行自我投資。

二、讓價值得到他人的肯定與賞識

有系統且持續的自我推銷是保障生活的不二法門。你不能當個不出門的秀才，總等著他人來發掘你；更不能等到被炒魷魚時才猛抱佛腳。你平常就應該主動採取行動，讓他人知道你擁有的能力。建立自己的公關網路，讓每個網路成員都可成為其他成員的公關代表。

「自我推銷」可保障你在人力市場中占有一席之地，是用以提高工作穩定感的利器，也是每個人終身都得學習的功課。切莫等到失業之際，才倉惶地緊盯徵才廣告、四處投寄履歷，或忙著找人拉關係，那就太遲了。

三、保持知識專精與博通的平衡

近年來，網路的發達、科技的進步為人們「獲得訊息」提供了更便捷的方法。其他學習方式當然包括你自己的讀書計劃。

你要讀報紙、雜誌、書籍，以隨時察覺周圍環境的變化。你如果遵循自立發展計劃，就應該有一份清楚的投資專案列表，這樣你就更能在特定的事項上全力衝刺。

四、使自己成為專業領域的專家

不管打算從事什麼工作，都應該儘量使自己成為這一專業領域的專家。市場上一定會有需要這方面專業知識的人僱用你，此時，你會處在較優勢的地位，因為競爭較少，可以要求較高的報酬。

成為某方面的專家還可以得到更多額外的賺錢機會，如寫作及演講，這些都將有助於自我形象與知名度的提升。

世事多變，但惟一可確定的是：改變會持續發生。你若過度依賴某種方法，會產生不切實際的幻想，因此，還需因現實環境而做出調整。

五、精通各種技能

你可以採取另一種不同的方式學會各種新技能。如果你所選擇的技能符合市場需求，那你就會有工作。

在個別的公司裡，正因為你通曉許多技能，所以在團隊中，你也能如魚得水。高度的變通性能讓你適應新的需求和得到工作機會。

六、掌握專業

你可以藉由使用平衡策略，在變通與專精間取得平衡點：儘量擴展自己的能力，學習各種新技能，然後將自己所學聚合起來，並逐一熟習其中的每項技能。

另一個方法是同時學習一些互相有關聯的技能，例如：同時學習基本的電腦知識和電腦用語，這樣一來，兩種學習還可以互相支援。

一個人追求的目標越高，他的能力就發展得越快，對社會就越有益。

——高爾基

6 tips to release emotional stresses

6 tips to release emotion stresses

勇於面對，堅定信念

新的時勢賦人以新的義務，時間使古董變得鄙俗，誰想不落伍，誰就得不斷進取。

——詹．拉．洛威爾

面對陌生的環境：「勇於面對」

每個人心中都有難以啟齒的弱點，你願意和它共生一輩子？或是找個機會將它拋棄？

當人們在游泳時，大約有三種適應冷水的方法：

一、有些人先蹲在池邊，將水潑到身上，使自己身體能適應冷水之後，再進入池子裡游。

二、有些人則可能先站在淺水處，再試著一步步走向深水，或逐漸蹲身慢慢進入水中。

三、更有一種人，做完熱身運動，便由池邊一躍而下。

據說最安全的方法，是置身池外，先行試探；其次則是置身池內，漸次深入；至於第三種方法，則可能造成抽筋甚至引發心臟病發作。

但是相反的，最能感覺冷水刺激的也是第一種，因為置身較暖的池邊，每潑一次水，就造成一次沁骨的寒冷，倒是一躍入池的人，由於馬上要應付眼前游泳的問題，反倒能忘記了全身的寒冷。

與游泳一樣，當人們要進入陌生而困苦的環境時，因為不知眼前的問題，有些人先小心地探測，以做萬全的準備，但許多人就因為知道困難重重，而再三延遲行程，甚至取消原來的計劃；又有些人，先一腳踏入那個環境，但仍留有許多後路，看著情況不妙，就抽身而返；當然也有些人，心存破釜沉舟的想法，打定主意，便全身投入，由於急著應付眼前重重的險阻，反倒能忘記許多過程中的痛苦。

如果你想在商場中奮鬥，應該嘗試著效仿第三種游泳者。

雖然可能有些危險，但是你會發現，當他人還猶豫在池邊，或半身站在池裡喊冷時，那敢於一躍入池的人，早已來去自如，把這週遭的冷，忘得一乾二淨了。

在面對陌生的環境時，也就是由於這種人動作比他人快，較他人狠，而且敢於冒險，所以往往是最容易成功的人。

努力去做是我們的責任，而結果通常是上帝的事了。

——甘地

在關鍵時刻：「孤注一擲」

成敗的關鍵在於「孤注一擲」。這是眾多成功者發財致富的經驗之談。

美國旅店大王康德拉．希爾頓是一位把握時間孤注一擲的絕佳典範。

一九三二年底，美國的經濟仍然沒有起色，希爾頓欠債累累一籌莫展。朋友把他拉進了一場價值十一萬美元的賭博——投資石油。希爾頓借到了五十五萬美元，如果成功，數目就翻倍；如果失敗了，將再次變得一無所有，此時的希爾頓口袋僅有八角八分錢。他孤注一擲在借據上簽字。上帝沒有辜負他，以後的三年之中，這個油礦為他付清了所有的欠款。

一九二七年，華納兄弟電影公司中的老三薩莫爾以四十歲的英年謝世。薩莫爾在死前，為了使經營陷入困難的公司渡過危機，他做了一項近似賭博性的事情，他企圖利用貝爾電話公司研究開發出來的成果，使聲音配合畫面而製作出有聲電影。

薩莫爾一死，當然他的計劃便也不得實現了。但是，有一件事發生，電影界中的同業者威廉．福克斯放出風聲，聲稱也要利用這種方法製造有聲電影。這件事刺激了華納兄弟，於是華納三兄弟決定把薩莫爾的遺志付諸實現。於是《歌星之歌》及《爵士歌手》兩部音樂片便問世了。

以上的事情就發生在休斯開拍《地獄天使》的幾個月之前。休斯在中止那個不成功的試片會後，他禁不住心中的激動，向底特利希大發牢騷。

「所謂的完美主義，豈不就是『超R』嗎？」

「R？」底特利希不明白休斯的意思。

「就是現實主義（Realist）。」

底特利希很能瞭解休斯的心情，他很冷靜地看著休斯，聽著休斯大吼大叫：「我要重拍，用剩下的二百萬元，我的全部資產作為賭注，我一定要成功。」

華爾街巨擘摩根士丹利是「孤注一擲」的典範之三。

摩根家庭的祖先於一六〇〇年前後從英國遷移到美洲。傳至皮柏的祖父約瑟夫．摩根的時候，又賣掉了麻塞諸塞州的農場，到哈特福定居下來。

約瑟夫最初以經營一家小咖啡館為生，同時還賣些旅行用的籃子。如此苦心經營了一些時日，逐漸賺了些錢，就出錢蓋了一幢很有氣派的大旅館，他還買了運河的股票，成為汽船業和地方鐵路的股東。但使他賺了大錢的，還是保險業。

一八三五年，約瑟夫投資參加了一家叫做「伊特那火災」的小型保險公司。哈特福儘管是全美保險業的發祥地，而當時的保險公司僅僅有屈指可數的幾家。所謂投資也不是要現金，只要你在股東名冊上簽上姓名即可。投資者在期票上署名後，就能收取投保者交納的手續費。只要沒有火災，這無本生意就穩賺不賠。出資者的信用就是一種資本。

然而不久，紐約發生了一場大火災。投資者聚集在約瑟夫的旅館裡，一個個面色慘白，急得像熱鍋上的螞蟻。不少投資者顯然沒經歷過這樣的事件，他們驚慌失措，願意自動放棄他們的股份。約瑟夫通通買下了他們的股份，他說：「為了付清保險費用，我把這旅館賣了也在所不惜。不過得有個條件，下一次簽約時必須大幅度提高手續費。」

成敗與否，全在此一舉，他的另一位朋友也想冒這個險。

兩人湊了十萬元，派代理人到紐約處理賠償事項。從紐約回來的代理人帶回了投保者的現款，這錢是新投保者付的比原來貴一倍的手續費。「信用可靠的伊特那火災保險」已在紐約名聲大噪。

這次火災後，約瑟夫．摩根淨賺十五萬。

人人都可以成功、發大財，在關鍵時刻孤注一擲通常可化危機為轉機，切記把握機會，善擇良機。人們常犯的錯誤通常是：在機會到來的時候，患得患失，猶豫不決。想要在社會上賺大錢的人，一定要徹底杜絕猶豫不決的弱點，不要總盯著可能有的一丁點風險就裹足不前。不敢冒風險的人，必將永遠不會成功。

冒險的步驟通常會有成功的結局。

——顯克微茲

失敗的正面價值

當你失敗一次，你就多了一次成功的機會。約瑟夫．赫希洪是一個移民到美國的猶太人，出身貧民區，自小進入紐約華爾街，與股票結下不解之緣。後來到加拿大從事礦業開採，買賣礦業股票使他很快成為巨富。

約瑟夫．赫希洪出生在東歐拉托維亞的一個村子裡，他是家裡十三個孩子中的第十二個，幼年喪父。六歲那年，在母親的帶領下，他們搭火車、乘輪船，經過長途輾轉，最終來到了美國紐約市的布隆克林。母親和姐妹們租了一間房子，開始了極為辛酸的生活，後來他曾說：「我簡直是從地獄裡走出來的。」

赫希洪生活在貧民區裡，從小就十分明白錢對於他們的重要性。在他還是小學生的時候，有一回，他偶爾從紐約證券交易所旁邊走過，聽人說，這裡就是世界上最有錢的地方，他馬上就被迷住了。他的眼睛突然睜大，站在窗外看著人們打著各種各樣的手勢，就像手語一樣，他咬著牙齒發誓：「我一定要到這裡來！」

一九一四年，第一次世界大戰發生。大戰剛一開始，紐約證券交易所和美國證券交易所都停止交易關閉了。交易所成了人們悲痛欲絕的地方。

從美國貧民區走出來的窮小子赫希洪向幾個正在交易所門口打紙牌的人打聽這裡能不能找到工作，這些人哄然大笑。他太嚮往在這裡工作了，他轉身往不遠處的下百老匯走去，一個辦公室接著一個辦公室去詢問有沒有工作可以做。直到他在一百二十號的依奎布大廈，在愛默生留聲機公司找到一個在午間要兼總機的辦公室工作。

半年後，他莽撞地告訴愛默生公司總經理韋克夫，他想要為韋克夫做股票曲線和圖表。從此他便與他的理想沾上邊了，成了韋克夫的製圖員。

三年後他成了股票專業圖表員，對股票買賣算是專精了。

十七歲那年，他成了一名股票經紀人，開始賺大錢了，給自己添置了新衣服，又幫母親買了一幢房子，一家人終於過了舒適的生活。可是好景不長，有一次股市猛然下跌，他買進了一家鋼鐵公司的股票，結果他賺到手的錢又幾乎一分不剩地完全賠光了。那一次的慘敗使他變聰明了，以後他的買賣順利了許多。

一九二九年是赫希洪最幸運的一年，因為這一年是美國股市歷史上最熱鬧的一年，「醫生和屠夫們都放下他們的工作，加入了股票買賣行列，這是一個瘋狂的時刻。」赫希洪回憶時說。他的經驗告訴他「山雨欲來」了，他把手頭上的一切股票悉數拋光，得到了原來投資的十倍的回報，有四百萬美元。這是他三十歲以來看到的最多的錢，於是他攜著這筆鉅款躲到遠遠的地方去了。

他前腳剛踏出交易所，身後就傳來了股市暴跌的消息，一落千丈，連美國銀行都因暴跌而倒閉關門。他出了一身冷汗，三年後依然心有餘悸，再不敢回頭，跑到遙遠的加拿大的多倫多成立了赫希洪公司，小心翼翼地操起老本行。

同年，赫希洪在多倫多《北方礦業家》報上看到一整版的廣告，廣告寫道：「我們名字叫機會，我正降臨到加拿大……加拿大你的日子已來臨了。全世界在你的腳前，乞求你開放深藏於大地下的財富……」

這是礦業投機家的煽動性宣言，赫希洪覺得這是個一本萬利的賺錢機會，他毅然前往。但他容易衝動的性格總是使他碰壁才會學聰明一點。

一個滿臉鬍子的金礦老闆帶著一群工程師和一大堆證明資料來找他。他們聽說這位美國富翁赫希洪有意投資金礦，就打算把他們的一個新金礦轉讓給他（但這也是他們剛從另一個人手裡低價買來的），鬍子老闆買到手後進一步挖掘，發現了許多豐富的金礦……赫希洪聽信了他們財力有限才出售的謊言，以八十萬美元買了下來，結果幾個月後他的投資足足損失了一半。

一次次的失敗教訓，再一次進軍金礦的時候他變得謹慎多了。經過他多方面的探尋，他找到了一個目標——岡那爾金礦。岡那爾金礦是由一對叫拉班的兄弟倆開的，由於還沒挖到金子，又發生資金短缺，赫希洪以二分美元一股買了六十萬股，加入了拉班兄弟的行列。幾個月後，岡那爾金礦挖出了金子，它的股票也上市了，僅三個月就直線上升到二十五美元。

不到半年時間他賺到了一百多萬美元，他高興得合不攏嘴。「對，就這麼做。」他告訴自己。

接下來他又找到另外一個理想目標——普林士頓公司。它也是經營金礦業的。

普林士頓公司是個上市公司，曾因發生火災將公司燒個精光，從此一蹶不振。普林士頓股票僅值四美分，以致一般持有人拿它賭撲克牌時，當做零錢來用。

大家都對普林士頓金礦不抱什麼希望，除了一名叫道格拉斯的地質學家是個例外。他聽說赫希洪是個對老舊礦坑抱有濃厚興趣的人，便去向他遊說，說只要在一個舊礦坑再深挖一點就會發現金子，費用僅需幾萬元。「這個險當然值得冒！」赫希洪告訴自己。

結果，赫希洪只付出二十五萬美元，道格拉斯就挖出了金子。赫希洪一邊大量收購普林士頓幾美分一股的股票，一邊繼續挖金子。許多人不相信普林士頓真的挖出金子，以為是騙局，而赫希洪照樣收購股票。

直到普林士頓股票升到二美元，人們才大呼上當，急忙去爭搶股票，價格又被抬高了不少。而這時，赫希洪又悄悄抽掉了他的資金，全身而退。

四〇年代初，赫希洪又等到了一個理想目標——美沙爾鐵業公司，它主要經營鐵礦石。那時知道這種礦石價值的人不多，赫希洪知道，並認為以後它一定能賺大錢。

赫希洪又如法泡製了美沙爾股票，等到大家如潮水般湧來搶購這種股票而水漲船高時，他又悄然退卻。赫希洪就這樣透過大膽冒險，在短短幾年間輕而易舉地賺了八百多萬美元。

任何領域的領袖級人物，他們之所以能夠成為頂尖人物，正是由於他們勇於面對風險。美國傳奇式人物、拳擊教練達馬托曾經一語道破：「英雄和懦夫都會有恐懼，但英雄和懦夫對恐懼的反應卻大不相同。」如果你發現自己總是不敢冒風險，而是常常躲避它，下面幾點建議也許能幫助你發掘和增強自己一些勇敢精神。

一、努力實踐理想

一家大印刷公司的經理曾回憶起他與自己公司一位會計的一次談話，這位會計的理想是要成為公司的會計師，或者創辦自己的公司。雖然她連中學都沒畢業，而且又是個新移民，但她卻毫不畏懼。公司經理提醒她：「妳的會計能力是不錯，這一點我承認，但妳應該根據自己所受教育程度，把目標定得更加切合實際些。」經理的話使她大為光火，於是，她毅然辭職追尋自己的理想。

後來她成立了一個會計服務社，專為那些小公司和新移民提供服務。她設在北加州的會計服務社很快發展到了五個辦事處。

其實，我們誰也不知道別人的能力到底有多少，尤其是當他們懷有激情和理想，並且能夠在困難和障礙面前不屈不撓勇往直前，他們的能力就更難預料。

二、一步一步地堅持

一位頗有經驗的滑雪教練，帶領一群新手到陡坡上教他們滑雪。站在滑道頂端的邊緣，他們從頂端一眼望到底端，這樣難免使他們感到坡陡路險，進而產生害怕的情緒。為了幫助這些學員克服畏懼情緒，教練反覆告訴他們，不要把整個滑雪過程看成是從山頂到山下，而應將其分解開來，先想著怎樣滑到第一個拐彎處，再想著滑到第二個拐彎處。

這樣做轉移了他們的注意力，他們紛紛把注意力放在目前自己能夠做到的事情上，而不是目前做不到的事情上。他們轉了幾道彎之後，信心便增強了。這時無需更多的激勵，幾乎全部的人都能順利滑下去了。

這個方法對你同樣有幫助，剛開始做一件事時，不要把注意力放在你所面臨的困難上。先瞭解第一步該怎樣走，而且要確保這第一步你能順利完成。這樣一步一步地走下去，你就能走到所期望到達的目標。

三、不要說「不」

有時，當面臨某一新困難時，人們往往會回憶過去的失敗，進而花太多的時間往壞處想。成功學大師卡耐基曾跟一位年輕女律師談過一次話。當時，他們談論的是她不久就要出席的法庭審判。這是她考上律師之後第一次出庭為人辯護。因此，她感到特別的緊張不安。卡耐基問她希望給陪審團留下什麼印象，她回答說：「我不要被人看成無經驗，太年輕，或是太幼稚，我不要他們懷疑到這是我第一次出庭為人辯護，我不要……」

這位女律師掉進了「不要」的陷阱裡。「不要」是一種消極的目標，「不要」會使你不想怎樣卻偏會怎樣，因為你的大腦裡會產生一些不好的圖像，並對其作出反應。

卡耐基告訴這位女律師：史丹福大學所做的一項研究顯示，大腦裡的某一圖像會像實際情況那樣刺激人的神經系統。舉例來說，當一個高爾夫球手在告誡自己「不要把球打進水裡」時，他的大腦裡往往已經浮現出「球掉進水裡」的情景，所以，你不難猜出球會落到何處。所以，在遇到令妳緊張的情況時，要把注意力集中在你所希望發生的事情上。

卡耐基再次詢問那位女律師，問她希望出現些什麼情況。這次她回答說：「我希望被人認為專業，充滿自信。」

卡耐基建議她試想一下「充滿自信」的感覺，她認為，那意味著滿懷信心地在法庭上走動，口中使用著充滿說服力的語言，用眼睛同證人和陪審員保持著緊密的聯繫，說話時聲音清晰宏亮，使整個法庭上的人都能聽見。她還想像了精采結案辯詞和己方勝訴的情景。

經過這種積極的圖像設想演練幾星期之後，這位年輕的女律師最終贏了她的第一次出庭辯護。

生活好比橄欖球比賽，原則就是：奮力衝向底線。

——羅斯福

發掘自己獨到的才能

別以為人人都擁有「千里馬被伯樂發覺」的機運，你必須靠自己找到專屬的伯樂。

成功不光只是物質上會獲得不錯的報酬，更重要的在於從自我才智發揮中得到的滿足。善於發揮自己才智的人一定能夠享受成功的喜悅。

如何使自己的事業成功，你必具備以下幾個要素：

一、發掘自己獨到的才智

人的才智各不相同，正如我們生來就有不同的指紋一樣。每個人的職業可以相同，然而，他的才能卻是只有他一個人所獨具的才能，是他人沒有的。

愛默森曾說過：「每個人都有他自己的使命，他的才能就是上天給他的召喚。

……他習慣做某些事情，也容易把某些事情做好，說不定這事是他人做不好的。一個人的抱負也會與自己的能力相當，而巔峰的高度，正和基礎的高度成正比。」發掘出自己獨具的才能，這是必備的第一步。如果一味地人云亦云，沒有主見和果斷的能力，那麼即使表面上的成功也掩飾不了那內在的失敗。

沒有人生來就注定是個流浪漢，我們沒有權利去怨天尤人。我們有義務為自己設計一個理想的歸宿，並為達到這一目的而訂立一個具體的計劃。只有這樣，我們才能找到自己立足的一席之地。特別是年輕人，應該大膽進取，要去開發自己燦爛多彩的世界，而不要因為長輩或薪水的原因就甘於被納入一條固定的軌道，而失去應該屬於自己揮灑的天空。

別因為不知道自己的長處而猶豫不決，勇敢地去開拓、去尋找吧！你會發現你自己到底能做什麼。

二、誠實

每個人的思想中，應該都具有比不撒謊、不欺騙、不偷盜更積極的道德觀——

「誠實」。

莎士比亞說：「你若對自己誠實，日積月累，就無法對人不忠了。」

斯科特說：「我一開始撒謊，就陷入了紊亂的網裡！」

自欺的人更會欺騙別人，只要欺騙過別人，此後就不會對人誠實，仍會習慣性的欺騙人。的確，有時候我們會毫無遮攔地表述自己的觀點，但是，現代醫學已經證明，「自欺」是潛意識中煩惱的根源。

三、熱忱

「熱忱」是完成任何一件事必不可少的先決條件。或許你確實有才華，但才華也須借助熱忱的精神，才能發揮盡至。熱忱是一種無窮的動力，因此你要理智地克制它，智慧地運用它，以求進步的表現。

倘若你以熱忱來對待生活，你將忘記生命中的怠惰。除了熱忱，還有什麼能使餘生閃爍出如此多姿多彩的火花呢？

四、不要讓所擁有的東西佔據思想情感

「金錢」並不是萬惡之源，事實上，「貪念之心」才是萬惡之根。不光金錢，所有的東西都是這樣。倘若你發現，你失去某樣東西就活不下去了，那麼你最好把它丟掉，以便獲取真正的自由。

五、不要過度憂慮

成功的生活是平衡的，無論是在思想、行為上或者娛樂上，各方面都是如此。懂得生活藝術的人，既不會工作到累得要死，也不至於玩樂得精疲力竭。所謂「問題」，就是一種促使我們去尋找答案的困擾，而找到了答案，我們的身心就會平衡下來。否則，只有繼續困擾下去。

我們都希望所有問題都能如願解決，但事實上，憂慮不能解決任何問題。我們只能靠自己的思考、行動來解決，而不要一味地憂慮，那只會擴大問題，產生怨恨和自憐。

六、不要留戀過去

不要老是悔恨從前的過失，也不要老是渴望再現過去的光輝，這等於是把自己捆綁在過去的記憶中。昨日已遠，如何從昨日的錯誤中吸取教訓才是明智之舉。

攀附在過去的光榮事跡上是無可救藥的愚蠢，它將會使你畫地為牢，無法自拔。未來是無限可能的，過去的經驗，不過是今日的基礎罷了。一個走路時老是回頭觀望的人，是很容易失足掉進陰溝裡。

七、尊重他人

某一個人此刻站在十字路口等待綠燈，他是個什麼樣的人呢？在居高臨下的統計學家眼中，他只不過是普通群眾中的一員；在生物學家眼裡，他是個人類；化學家則認為他是一大堆有機物質。

我們多半從外表看人，盲目地以貌取人，卻不能透徹地去瞭解他這個人的卓越之處，他的理想、他的痛苦，甚或他的優缺點。然而，只要我們能多去瞭解他人，我們就更能體會什麼是愛。

成功不會憑空而降，成功的特質也非與生俱來，當你能夠意識到自身的缺陷時，糾正自我是必要的步驟，如此一來，做人做事便能得心應手。

每個人的生命中都有屬於他自己的一份精華，我們要先瞭解自己，選定方向，認真去追求，那就叫立志。

——羅曼．羅蘭

保持堅定的信念

如果你無法要求自己凡事能夠有所堅持，又怎能對風險有抗拒的堅持？

佛羅里達州的約翰・莫特勒是一個為了實現自己的夢想而甘冒風險的人。他在一個條件優越而又忙碌的會計崗位上工作了十餘年。但是他卻準備辭去這份無憂無慮的工作而去圓自己當老闆的夢想。

他的妻子、他的所有朋友，甚至他的老闆和同事都認為他這樣的打算簡直就是瘋狂。但是經過仔細認真地計劃後，他對自己要面對的風險充滿信心。最後，他毅然決然地辭去了會計工作，開始建構自己的事業——專門生產銷售地方小吃。

莫特勒對風險有足夠的準備，因為他事先做了精細的考察規劃。在他開始自己事業的冒險以前，他就已經把所有的空餘時間都用在了廚房裡，研究食譜，品嘗、調製各種不同口味的小吃。他周全詳實的計劃、堅忍不拔的毅力和耐心、努力終於獲得了回報。

在採取行動以實現自己的夢想僅僅三年以後，約翰．莫特勒成為了百萬富翁。他的小吃品牌「THE NUTTY BAVARIAN」也成為美國家喻戶曉的品牌。當然，再也沒有人說他的行為是「瘋狂」。

當你面對風險時，你應該像莫特勒所表現出「充滿自信」。適當的計劃能夠讓你對大多數的風險挑戰有所準備。有的時候，一些重大風險的出現是沒有任何徵兆的。而另一些時候，你又可能有充裕的時間去考慮值得不值得為某件事情去冒風險。但風險通常是不期而遇的，在你準備為一些重大事情做出決定以前，你都必須假設風險一定會發生，不能對風險發生的時間抱著僥倖的心理。風險無論發生得早晚，要達到自己既定的目標，對自己保持堅定的信念，並且始終對它保持警惕。

人不論志氣大小，只要盡力而為，矢志不渝，就一定能如願以償。

——赫伯特

思緒清楚的自我省思

忙！很忙！忙到沒時間自我省思，豈不也正是現代人的通病？

有一天晚上，著名的英國物理學家盧瑟福走進實驗室，當時時間已經很晚了，他看見他的一個學生仍俯身在工作台上。

「這麼晚了，你還在幹什麼？」盧瑟福問。

「我在工作。」學生隨即回答說。

「那你白天做什麼了？」

「我也在工作。」

「那麼你早晨也在工作嗎？」

「是的，教授，早上我也在工作。」學生帶著謙恭的表情承認了，並等待著這位著名學者的贊許。

盧瑟福稍微沉吟了一下：「可是，這樣一來，你用什麼時間來思考呢？」

這段對話，道出了一個真理：對於每個人來說，從工作、實踐到發明創造，除了社會性條件和自身的態度以外，還有一個極其重要的條件，就是能不能為自己留下一點空間，並動動腦筋，認真思考。

雖然一切成果的取得，都離不開「實踐的行動力」，但是光想不實踐，光說不練，就算想得再好，也是於事無補；脫離實際，想入非非，還會把事情搞壞。但從實際面出發，「學會分析事物的方法，養成分析的習慣」，在實踐中思考，在思考中實踐，恐怕是思考得越深，就會實踐得越好。實踐是一種磨礪，思考同樣是一種磨礪，而且是一種更深層次的磨礪。

有了思考的機會，才能從司空見慣的現象中有所發現。

牛頓把「蘋果從樹上自由落下」而思考，啟發他探索出了「萬有引力」。

瓦特有一次看到水壺的水燒開了，蒸汽不斷地向上冒而掀動著壺蓋，瓦特因「壺蓋被開水頂動」而思考，引導他發明了「蒸汽機」。

伽利略有一天在比薩大教堂作禱告，突然發現教堂天花板的吊燈在擺動，他凝視這盞左右擺動的吊燈，右手指按住左腕的脈搏，心裡默默的計算燈火擺動的次數，他發現它們之間有固定的關係，發現單擺的長度改變，擺動的週期就不一樣，就是因此「不同長度掛燈的搖擺」而產生思考，促使他發現了「擺錘等時性原理」。

諸如此類的生活現象，一般人視若無睹，惟有具有探求原因精神的人，才會思考一般人眼中看似平凡的事，並因孜孜不倦的追求，以致有所發現、有所發明、有所創造。

有了思考的空間，才能從前人的「定論」中有所突破。

「在你眼裡，偉人之所以偉大，是因為你跪著」，站起身並拉開一定的距離，你就會發現，其實偉人也是人，他們也有各種條件的侷限，他們同樣也有你和我都有的缺點。

若是相信「電磁波穿過空氣層就會一去不復返」這個的理論，馬可尼就不能把信號送過大西洋，開創無線電事業；相信牛頓「時間、空間絕對不變」這個理論，就沒有愛因斯坦的相對論。電磁場、原子能的發現，生物進化論、元素週期表的創立，不都是敢於向權威理論挑戰的結果嗎？

有思考的空間，才能對自身實踐有理性的提升。在工作順利時，有些人的頭腦往往被成績裝得滿滿的，反而失去了思考的空間，其後果不言而喻。其實，成功時要思考的問題很多。「成功的條件是什麼？」「發展的前景是什麼？」「要繼續開拓前進，還需要做什麼？」……在這樣的問題上多思多想，才能使我們保持清醒頭腦。

遇到挫折時更要思考。所謂「失敗是成功之母」是有條件的：條件便是動腦筋，找出原因，接受失敗。現實情況往往是，一有失誤，有人便說：「沒關係，就當是交了一次學費。」如果他人這樣說，作為一種熱情的勉勵和鼓舞，當然是可以的；但如果自己先這樣講，那就未免太草率就原諒自己的錯誤了。偶爾的失誤是可以接受的，然而卻不要忘記我們的目標是「成功」。

有了思考空間，才能有一個再創造的天地。知識、經驗可以為我們提供思路，使我們駕輕就熟地解決許多以前遇到過或未遇到過的問題，並且給我們提供規律原則。但另一方面，正是這樣的規律太多，則可能給我們提供僵化的教條。

心理學中有個概念叫「定勢」，它是指人們在解決問題時，過於相信從前解決問題所用的方法。當人們習慣於做什麼，就很容易養成一種思維偏見，成為習慣的奴隸，墨守成規，雖然掌握了規律，卻忽略了創造。

所以，我們對待知識和經驗應防止習慣和固定，在頭腦中留一片思考的空間，讓給創造。在順境中多思考，能保持清醒的頭腦、穩健前進的腳步；在逆境中多思考，我們會找到失敗的癥結，踏上通往成功的道路。

我絕不相信，任何先天的或後天的才能，可以無需堅定的長期苦幹的品質而得到成功。

——狄更斯

Change myself
06

可不可以不要沮喪？勇敢面對情緒的6種方法

雅致風靡　典藏文化

親愛的顧客您好，感謝您購買這本書。即日起，填寫讀者回函卡寄回至本公司，我們每月將抽出一百名回函讀者，寄出精美禮物並享有生日當月購書優惠！想知道更多更即時的消息，歡迎加入"永續圖書粉絲團"

您也可以選擇傳真、掃描或用本公司準備的免郵回函寄回，謝謝。

傳真電話：（02）8647-3660　　電子信箱：yungjiuh@ms45.hinet.net

姓名：	性別：□男　□女
出生日期：　年　月　日	電話：
學歷：	職業：
E-mail：	
地址：□□□	
從何處購買此書：	購買金額：　元
購買本書動機：□封面 □書名 □排版 □內容 □作者 □偶然衝動	
你對本書的意見： 內容：□滿意□尚可□待改進　編輯：□滿意□尚可□待改進 封面：□滿意□尚可□待改進　定價：□滿意□尚可□待改進	
其他建議：	

您可以使用以下方式將回函寄回。

您的回覆，是我們進步的最大動力，謝謝。

① 使用本公司準備的免郵回函寄回。

② 傳真電話：（02）8647-3660

③ 掃描圖檔寄到電子信箱：

yungjiuh@ms45.hinet.net

沿此線對折後寄回，謝謝 。

廣 告 回 信
基隆郵局登記證
基隆廣字第056號

221-03

雅典文化事業有限公司 收

新北市汐止區大同路三段194號9樓之1

雅致風靡 典藏文化